安顺学院教育学学科建设资金资助出版

大学生学校适应教育体系构建研究

杜 艳◎著

吉林出版集团股份有限公司
全国百佳图书出版单位

图书在版编目（CIP）数据

大学生学校适应教育体系构建研究 / 杜艳著.

长春 : 吉林出版集团股份有限公司, 2024. 8. -- ISBN
978-7-5731-5279-4

Ⅰ. G645.5

中国国家版本馆CIP数据核字第2024CX3414号

DAXUESHENG XUEXIAO SHIYING JIAOYU TIXI GOUJIAN YANJIU

大学生学校适应教育体系构建研究

著　　者　杜　艳

责任编辑　金　昊

装帧设计　清　风

出　　版　吉林出版集团股份有限公司

发　　行　吉林出版集团社科图书有限公司

地　　址　吉林省长春市南关区福祉大路5788号　邮编：130118

印　　刷　长春新华印刷集团有限公司

电　　话　0431-81629711（总编办）

抖 音 号　吉林出版集团社科图书有限公司 37009026326

开　　本　710 mm×1000 mm　1 / 16

印　　张　12.25

字　　数　200 千字

版　　次　2024 年 8 月第 1 版

印　　次　2024 年 8 月第 1 次印刷

书　　号　ISBN 978-7-5731-5279-4

定　　价　58.00 元

如有印装质量问题，请与市场营销中心联系调换。0431-81629729

前　言

　　大学生是国家未来发展的储备人才，他们的生活、学习等状态如何，他们在大学这一阶段能不能获得相应的成长与发展，都是比较重要的议题。对大学生的校园生活、学习和社会交往等进行研究，是一个长期而关键的任务。这一问题的研究不仅具有重要的战略意义，而且对高等教育而言，亦是不可忽视的。对大学生群体来说，对学校的适应程度影响着他们大学阶段的学习水平和学习质量。对学校而言，大学生适应学校生活、顺利完成大学学业、顺利走入社会是评价高等教育质量的重要指标，帮助学生达成这些指标也是高校的基本任务之一。

　　现实情况却是学生们双眼只观纸上书，数百日悬梁刺股，终于远离高考的高压束缚，怀着对大学生活的美好期待进入大学校园。他们满怀期待想着"潇洒走一回"，品尝那青春懵懂时影影绰绰被掐灭的"早恋"是什么滋味，感受"大学不挂科，遗憾一辈子""六十分万岁，多一分浪费"是什么感觉。然而，迎接他们的和想象中的似乎并不一样，没有了高考这盏指路明灯，他们需要重新寻找目标，自主安排学习和生活；没有了父母的庇护，他们需要重新成长，自行解决现实中大多数的困难和挑战。现在不再是"大学生证就是万能通行证"的时代了，他们要重新定位未来，给自己重新进行人生规划。之前被承诺的潇洒不复存在，反而要面对种种挑战与困难，而且这些困难是根据每个人的成长经历个性化产生的，没有统一的解决方式、方法，没有人能够教他们如何解决或者帮助他们解决，大学新生的适应问题便由此产生。有调查显示，超七成大学新生遇到过适应性问题，其中学习问题、生活问题、人际适应问题等是大学新生遇到的主要适应问题[①]。

知乎上有这样一篇文章，形容当代不适应学校的大学生现状："他们20多岁的年龄，有着50多岁的体力，60多岁的腰，70多岁的颈椎，以及10岁的自我管理能力。"这种形容或许多少有一些夸张，但是也确实有着现实的影子。在学习时，他们容易陷入内耗性学习的状态，就是打开书，喝口水，调整下座椅，看眼手机，小睡会儿，再看眼手机，合上书，两个小时终于过去了，感觉很充实，但是实际上什么都没有看进去。他们玩手机时或躺或卧，或趴或蹲，或在教室或在寝室或在食堂，不饥、不渴、不饿、不困、不上厕所，偶然瞥到手机上的时间，才发现两小时过去了。在人际交往上，他们也不积极认识新朋友，觉得维系和老朋友的关系就花光了所有力气。如果不是必须出寝室楼，他们宁愿"烂"在寝室也不会出门。在经济上，他们"四大皆空"：钱包空，微信空、支付宝空、银行卡空。"隐形贫困人口""花呗式青年"（花呗：电子支付中透支购物的一款消费信贷产品，主要使用群体为青年人）等新兴词汇对青年大学生的"穷"进行了准确形象的描述。他们"穷"不是因为没有钱，而是无法控制自己的欲望。在生活习惯上，他们追求"欺骗性"健康。抗皱眼霜、补水面膜、防脱发洗发水、颈椎按摩仪、枸杞菊花茶、生发液等等，能买的他们都买了，说是要健康生活，但是又熬夜、喝加冰珍珠奶茶、吃烧烤炸鸡。这一篇文章得到上万人的点赞，引起数千人的共鸣与讨论。由此可见，大学生在校期间学习、生活以及人际交往等方面存在着不适应的现象，这个现象并不是偶发的、个别的，而是多发的、较为普遍的。

这一现象也引起了学者们的关注，如邹小勤[②]研究发现大学生存在明显适应不良的情况，其通过"国家大学生学情调查"项目对74000余名大学

---

① 麦可思. 超七成大学新生遇到适应性问题. https://new.qq.com/omn/20191215/20191215A04AWI00.html ［Z］. 腾讯网，2019
② 邹小勤. 我国大学生学校适应研究［D］. 厦门大学. 2013.

生的学习适应、身心适应和就业适应进行调查，调查结果显示，大二学生在学习适应、校园生活适应、身心适应和就业适应维度上的自我评价显著低于其他年级学生，且男生在学校适应各维度（除就业适应外）上的自我评价均显著低于女生。阳红[①]通过自编大学生学校适应问卷对大学生学校适应、专业适应、情绪适应、人际适应、学习适应等几个维度进行研究，也得出一样的结论，大学生的学校适应情况一般，因此他们并不能很好地完成学习要求。这两篇论文从不同角度论证了当代大学生不适应学校生活这一事实，也证明了大学生适应不良是阻碍大学生发展的重要因素之一。

大学生学校适应问题在高校也得到一些关注，学校也采取了一定的措施帮助解决大一新生的入学适应问题。大多数高校在大一新生入校时会开展专门的入学教育活动，帮助大一新生适应新的环境、了解大学的各项规定、要求、对大学生进行未来发展规划教育等。同时为大一新生开设专门的心理健康课程、进行心理健康普查、建档，以及对筛查出的有疑似心理健康问题大学生，给予他们进一步心理治疗或咨询、团体辅导等。但是，入学教育、心理健康普查解决的是不是大学新生面临的真正困难，能不能帮助他们解答面对新环境的疑惑、适应大学生活，还未可知。没有调查就没有发言权，现阶段的新生适应教育中，学校使用的测查工具不是根据当下学生特性编制、修订的，因此解决的问题是不是学生真正困惑的问题，以及其他年级的大学生是不是也有适应不良但是却被学校、被社会所忽视的问题，这些都是未知的。

由此可见，目前我国学生的学校适应存在着种种问题，它消极影响着当下的学生，不利于我国高校教育质量的提升，但当下高校的各种应对方式并未发挥良好的作用。除此之外，已有研究表明，学校适应还是一个动态的、不断变化的问题，即使当前已经适应的学生，在后续的成长过程中

---

① 阳红. 大学生的心理弹性：压力事件、自我差异、社会支持、积极应对方式及学校适应的关系研究［D］. 西南大学，2015.

依然可能产生新的适应问题。总之，学校适应是一个必须被关注并持续研究的问题。因此，笔者拟以大学生学校适应的生态机制理论为基础，围绕大学生学校适应现状、影响因素及其中的作用机制等方面，深入研究大学生学校适应课题，以提升我国大学生学校适应教育、学生学校适应水平，促进我国高校教育水平、大学生培养质量的提升。

安顺学院　杜　艳

2023年12月

目录
CONTENTS

第一章　概　述

第一节　大学生学校适应不良咨询案例分析报告

案例1：她用刀对准了自己的室友

在一个周六的早晨，我接到一通电话，是班主任刘某说女生寝室发生了大事，请我一定要帮他看看怎么处理。他说他们班有个女生寝室差点发生流血事件，他半夜从家里赶到学校，把当事人带离了宿舍，希望我跟当事人谈一下，了解一下她的情况，评估这个学生是否会对他人造成伤害。这离九月份开学过去仅仅不到两个月的时间，寝室关系应该处于"蜜月期"，室友之间不应该这么快就产生很大的矛盾，我不由得好奇，怀着不解让他继续讲。

原来是他们班有个女生在寝室里拿着水果刀和室友发生冲突，寝室同学都被吓得不轻，赶紧给班主任打电话。班主任一听，就马上赶到寝室，当事双方对此事各执一词。这是一个六人寝室，当时在寝室的有四个人，我这里称其为A、B、C和小戴。在寝室的同学说，事件的起因是当天晚上，小戴在寝室里和父母打电话，声音很大，到后面还出现了很多脏话，声音也越来越大。室友A提醒她声音小点儿，小戴没有理睬，并跟父母讲她对学校的种种不满，还说寝室室友对她非常不友好，诸如此类的话。室友说，小戴经常阴阳怪气地说话，一点儿也不合群，总是独来独往，因此大家和她关系本来就不好，但是考虑生活在一个寝室就选择了忍耐。当天晚上她们也不想计较，虽然心里很生气，但是也没说什么。后来小戴去洗漱，倒水的时候故意把洗脚水泼在正在洗脸的室友B身上，B被吓了一跳，就推了小戴一下，A这时过来帮助B指责小戴，C过来劝架，但是小戴又反过来骂C。于是三人就和小戴发生了争吵，小戴吵不过就动手推她们，最后抓起水果刀朝她们挥动，嚷着让她们滚出去，嘴里叫着说同学们都不理解她、不认可她，都在针对她、想要害她，让她读不了书。

"我问过其他寝室的同学了，小戴就是性格孤僻、独来独往，对老师也不尊重。"班主任对我说，我又让他和我说说当时的具体情况，只有这样我才能规划怎么与小戴开展咨询，从什么角度与她沟通。班主任告诉我，小戴不承认和父母大声通话以及对待寝室同学不友善，是寝室的A、C在外放看视频，声音大到她听不清楚父母说话。后来她倒洗脸水时，B刚好经过，不小心溅到了她脚上一点，B就把她推倒在地。A、C和B关系好，一起来欺负她，骂她，还要打她。她说班上的同学们排外，对她这个外地人不友好，自己不能吃辣椒也会被嘲笑，如此就算了，每次回寝室，还要被针对。她说自己感觉很孤单，这边的方言她都听不懂，吃的东西也和家里不一样，总之她是无奈之下才变得格格不入的。

通过向班主任了解情况后，我感觉这个学生需要外来力量的支持与帮助。但是，似乎目前班主任老师对她存在一定的偏见，这种带着偏见的谈话，很难走进小戴的内心。事实上，班主任也说小戴不跟他说自己心里怎么想的，感觉小戴拒绝交流。小戴在学校和室友、同学关系都不好，而且由于她离家较远，父母等亲人也很难给予她实际上的支持与帮助。这就是我对这个学生目前状况的大致印象，即咨询前信息的采集情况。

1. 来访者一般资料介绍

小戴，女，19岁，高三复读后考上大学，大一新生，来自北方某城市，是家中独女，母亲为老师，父亲为公务员，家庭经济状况良好，爷爷奶奶健在，家庭氛围较为和睦。近段时间家庭中没有发生重大问题，如长辈离异、吵架、经济变故、重要亲人去世等。身高170厘米，精神状态良好，衣着得体，无家族精神病史，没有器质性伤病史。来到南方读书是因为志愿填报失误，本身并不愿意离家太远，较为依恋家、依恋父母。从小学到高中没有集体生活经验，一直由父母进行照顾、教育，自理能力较差。父母对她要求较为宽松，对其成绩没有太多的要求。性格较为内向、敏感，在道德规范上，对他人有严格要求，对自己较为宽松。在现在的班级里没有关系较密切的朋友，与室友、同学关系都非常一般。前段时间报名参与班干部竞选，但是没有得到同学的支持，最后落选。

从入校以来，小戴感觉没有朋友，学业也跟不上，情绪低落，有失眠、心悸、食欲减退的情况。课上课下都无法集中注意力，总是在神游，只有和家里打电话的时候才会感觉有精神。她感觉在这个学校学习非常没有意思，想退学回家，但是复读压力太大，父母也不同意，无奈只能留在学校。我采用SQL-90对该生进行心理健康状况测查，自评量表测查结果显示其躯体化症状为3.1分，人际关系敏感3.4分，焦虑2.9分，抑郁3.2分，偏执分数2.7分。

2. 来访者主诉

这次复读，我真的很努力了，但现实太残忍了，成绩刚刚过二本线。当我拿到录取通知书的时候，虽然家里人都为我感到高兴，但我心里其实挺失落的。我本来以为大学生活是充满活力和朝气的，有高大的校门、宽敞的宿舍和很多好朋友。但实际上，校门看起来很一般，不够"高大上"，宿舍也不是上床下桌，一个寝室里竟然要住6个人，特别拥挤，行李都摆不下。吃的方面我也不太习惯，我们那边主要吃面条、包子、馒头，但这里基本上吃米饭，而且这边的食物特别辣，口味和我们那边不太一样。说实话，我感到迷茫和不安。

其实我在家乡的时候有很多朋友，但到大学突然变得没有朋友了。刚来的时候我也想和她们成为朋友，但这边基本上都是本地人，课下基本用本地方言沟通，我听不懂，也参与不进去。平时我想和舍友们一起走，她们总是把我挤到最边上，她们一起说说笑笑，我想插话也不知道说什么。她们喜欢玩的也和我不一样，我喜欢打游戏，她们喜欢逛街。后来我就不和她们一起走了，有一次我在寝室外面听见她们在里面说话，见我进去就都不说话了，就好像在说我坏话怕我听到，后来又碰到好几次类似的情况，我就知道她们说的肯定和我有关。有时候同样都是手机声音外放，我放她们就会表示不满，而别人放她们就不会说，她们都在针对我。选班干部的时候我也是这样被她们欺负，因为刚来的时候，我选上了预备班长，为班级做了很多事情，班主任对我也挺好的。但到了正式选班干部的时候，班主任的态度却发生了变化，同学们也不支持我，而是选了一个和她们经常在一起玩的女生，那个女生又没做什么贡献。虽然我没有证据，但是肯定是有人在背后说了我的坏话。后来班主任对我的态度都冷冷淡淡的，同学们也不和我亲近，我也就不愿意和谁走得近了。

大学的学习生活也让我感觉非常压抑，每天的学习让我喘不过气来，我感觉老师讲的像是天书。高中的时候老师都会一步一步告诉我们应该怎么学习，学习哪些内容，而现在老师一堂课就要讲十几页的内容，我都还没听懂，就已经讲完了。住校也是让人痛苦的事情，刚来的时候我就知道这边住宿条件不好，其实慢慢也就释然了，但是没想到住校会那么麻烦。学校的柜子根本不够放我的衣服，我经常都找不到要穿的衣服，还因为把衣服裤子袜子一起洗，被室友嘲笑了，后来才知道她们都是分开洗的。叠衣服也让我抓狂，整理床铺、排队打饭这些都让我很痛苦，住校真的太痛苦了，我好想家，想爸爸妈妈。我现在就想回去，这边太恐怖了，他们都针对我，我一个人在这边，吃不好睡不好，也没人关心我，但我知道我没脸回去，因为我都已经复读一次了，我真的好痛苦。

3. 咨询师观察以及班主任老师的反映

小戴进入咨询室后，默默地坐在角落，不愿意坐到沙发的这一边来，对人处于比较冷漠和敌对的状态，双手环胸，将双手臂放在两腿之上，双腿交叉，低着头不肯说话。刚开始一直是一问一答的形式展开咨询，中期她才开始主动说话。她衣着亮丽，妆容精致。自述身体健康，否认最近或者曾经患过重大身体疾病。

班主任反映，小戴刚进校时表现还可以，但是为人比较独断专行，当预备班干部的时候她的行事风格让同学们接受不了。小戴的性格也比较固执，别人很难改变她的看法，前段时间，班干部竞聘落选一事对她打击比较大，事后我虽然开导过她，但是她听不进去，从那以后她就不关心集体的事情。她生活自理能力差，个人卫生做得不好，在寝室检查考核中，她一人就被扣了很多分，寝室同学对此有意见。她个性直率，说话不够委婉，想说什么就说什么，在寝室里经常跟同学发生矛盾，对班上的同学和老师都有意见。

4. 评估与诊断

4.1 病程评估

4.1.1　小戴的认知、情绪、意志等各方面较为完整，有完整的自知力、自控力，属于心理的正常范围。

4.1.2　目前小戴有轻度的抑郁，焦虑情绪，伴随人际敏感等现象。

4.1.3　出现时间两个月以内，还未发生泛化。

4.1.4　小戴身体健康，没有器质性病变，未发现身体疾病，排除生理原因导致的心理问题。父母对其疼爱有加，关心其生活，排除家庭问题。由于学校离家较远，与家庭所在地的风俗习惯不同，本人性格与当地人的差异较大，导致其无法很好与人相处，造成人际交往障碍。除此之外，她不能正确认知自己班干部落选的原因，造成了其悲观抑郁焦虑的想法，加重了心理负担。

在整理和分析现有资料的基础上，结合初次会谈的情况，我们运用心理学病与非病三原则（主观世界与客观世界的统一性原则、精神活动的内在协调性原则、人格的相对稳定性原则）对小戴进行评估。小戴的自知力完整，这排除了她患有精神病性心理障碍的可能性。这些不良情绪和现象并非无因之果，而是由明确的因素导致的，主要是小戴对新环境的适应不良。这种现象属于正常的心理活动变化，而非病态的表现。因此，我们可以得出结论，小戴的问题源于对新环境的适应不良，属于正常心理活动变化。

4.2 鉴别诊断

4.2.1　与精神类疾病相鉴别，根据心理学判断正常和异常心理活动的病与非病三原则，即主观世界与客观世界的统一性原则、精神活动的内在协调性原则以及人格的相对稳定性原则，我们可以对小戴的知情意进行全面的分析。首先，小戴的知情意是统一的。她能够正确认识到自己的情绪和心理状态，没有出现感觉、知觉异常或幻觉、妄想等症状。这表明她的主观世界与客观世界是统一的。其次，小戴的心理活动表现正常，思维逻辑清晰，没有出现明显的逻辑断裂或思维障碍，这说明她的精神活动内在协调性良好。最后，考虑到小戴之前的人格特征以及在新环境中的适应不良，我们可以认为她的人格相对稳定，没有出现明显的人格解体或异常改变。因此可以排除她患有精神类疾病。

4.2.2　与焦虑性神经症相鉴别，小戴虽然表现出焦虑情绪，但她的焦虑与具体的事件背景有关，如远离家庭、与同学关系不好等。与焦虑性神经症的定义相对照，小戴的焦虑并未呈现为广泛性焦虑或发作性恐怖焦虑的临床相。她能够正常与部分人交往，没有出现广泛性的泛化和回避现象。此外，小戴焦虑的持续时间并不长，对社会功能造成的损害也相对不严重。综上所述，根据小戴的具体表现和焦虑性神经症的定义，我们可以排除她患有焦虑性神经症的可能性。她的焦虑情绪主要由特定的生活事件引起，而非广泛性的心理障碍，可以排除她患有焦虑性神经症。

4.2.3　与抑郁症相鉴别，她不太愿意与周围人接触交往，总是独来独往。然而，这并不是她本身的意愿，而是由于一些个人原因导致她难以与他人进行良好的交流。进一步观察后得知，小戴并没有出现伴随性的神经功能紊乱、认知障碍、思维联想速度慢、反应迟钝、思考问题困难等症状。这些症状在抑郁症患者中是比较常见的，而小戴明显不存在抑郁症的典型症状。她的病程较短，也没有表现出兴趣丧失、有绝望感或存在自杀念头等抑郁症的典型症状。综上所述，根据抑郁症的典型症状和病程特征，以及小戴的具体表现，可以排除她患有抑郁症。

4.2.4　与严重心理问题相鉴别，小戴的症状相对较轻，没有出现严重的情绪障碍或认知行为问题。同时，小戴虽然面临一些适应问题，但她仍然能够维持基本的社交和学习生活，痛苦和焦虑没有泛化，因此可以判断小戴的情况属于一般心理问题的范畴，并未达到严重心理问题的程度。

4.2.5　问题总结

（1）人际关系紧张，与室友、班级同学以及班主任老师存在一定的人际矛盾。

（2）存在一定的偏执型思维，容易以偏概全。

（3）生活自理能力差，生活适应能力较为欠缺。

结合心理测验的分数，小戴被诊断为一般心理问题，带有抑郁、焦虑情绪。

5. 咨询目标的制订

根据现有的评估与诊断，并与小戴进行协商，确定了下一次的咨询目标和近、长期的目标。

5.1　最近一次的心理咨询目标：帮助小戴正确认识她现在的心理状况，完成对情绪和心理的调适；和寝室同学缓解紧张关系，和平共处；帮助小戴进行生活学习的安排，减轻其适应不良带来的痛苦，降低焦虑。

5.2　短期目标：能够适应目前学校的学习进度；能够与同学们完成人际关系的修复；在生活自理方面能够得到进一步提升。

5.3　最终与长期目标：帮助小戴完善个性，增强其人际适应能力；帮助小戴学会自我管理与自我调控，实现自我成长；促进小戴心理的健康和发展，提升自我人格的完善。

6. 咨询方案设计

6.1　咨询阶段

对于该案例的咨询总共包括三个阶段：

第一阶段是建立咨询关系，进行心理问题评估与诊断。在这一阶段要完成以下咨询目标。第一，建立良好的咨询关系，让小戴能够信任咨询师，愿意与咨询师主动进行沟通，说出她内心的想法，只有在此基础上才能进行后续的咨询。第二，要完成对小戴的心理评估。心理问题是动态的、发展的，心理评估并非一次即可完成，在这一阶段要对小戴进行至少两次评估。在初始阶段进行评估，在中期也要进行评估。在评估阶段要对小戴的心理状况、人际关系、学习适应情况等各方面作出评估与诊断。

第二阶段是咨询阶段。在这一阶段要帮助小戴具体分析和解决目前她遇到的问题和困难，改变其在人际关系中或者个性等各方面的不合理的地方，并且帮助其调节情绪和行为，更好地适应大学的生活和学习，改善人际关系。

第三阶段是巩固与结束阶段。在这一阶段要完成以下咨询目标：第一，帮助小戴更好地适应当前的学校学习生活；第二，鼓励小戴建立较为良好的人际关系网，掌握人际交往技巧，使其在未来的学习生活中能够将这种方法运用进去；第三，完善其人格，提高其心理韧性和积极心理资本，提高心理健康水平，促进学生人格各方面的全面发展。

6.2　咨询方法

（1）合理情绪疗法

美国心理学家艾丽斯提出合理情绪疗法，其理论基础为情绪ABC理论。该理论与传统理论不一样，它主张真正引发人们情绪的根源在于个体本身。当个体对于这些事情有了内在认知和态度并对其加以评价后，就会产生相应的情绪。因此，若要有效改善不良情绪，仅仅改变外界环境是不够的。个体需要挑战和修正其错误和负面的认知，对自我进行内部修订，如此才能真正地改善情绪。

该疗法的主要流程如下：

①识别与评估小戴的不合理认知。在该案例中，我需要通过与小戴进行深入会谈，了解她在成长过程中有哪些非理性的信念。例如，在人际关系中"我"应该占主导地位，如果没有很多朋友我就是一个失败的人等错误想法。该理论认为，正是由于小戴存在这种绝对化的想法，导致了她因为人际关系变化而产生苦恼、郁闷、焦虑等情绪。

②挑战小戴非理性的信念。在这个过程中，我与小戴一起挑战她信念中非理性的成分。我需要和小戴进行一次苏格拉底产婆式的对话，通过引述相关事实来证明目前她的信念当中存在不理性的地方。例如，她认为因为自己前期为班级做了一些工作，所以在竞选班级干部中必须成功，如果没有竞选成功，就代表着中间存在"黑幕"，也就意味着她的努力白费了。我需要对她进行引导，让她认识到这种想法是不合理的，导致其竞选班级干部失败的原因还有很多。除此之外，还要让她意识到，竞选班级干部失败仅仅是学习生活中一件令人并不愉快的小事情，这并不能说明她的努力是无用的。

③与小戴一起建立理性的、合理的信念。我在咨询中对小戴的不合理信念进行挑战，让小戴开始建立更为合理的新的信念。以竞选班级干部为

例，让她认识到在某些情况下我们做一些事情，不代表就必须得成功，更应该看到自己的付出得到的其他结果。

④应对技能训练。帮助来访者将学到的技能迁移到实际生活中，主要包括如何在学习生活当中与他人建立良好关系，如何应对学习上遇到的困难，如何正确地管理自己的情绪等。通过技能训练的方式，帮助小戴更好地学会如何去应对在大学新生适应过程中遇到的困难，同时帮助其修复寝室、班级的人际关系，获得他人支持。

⑤课后作业布置。咨询结束之后，我布置了一些作业，要求小戴完成。这里的作业没有对错之分，主要是让她记录在生活学习过程中遇到的情绪问题，记录自己当下的反应、过程和最终的结果，在下次进行咨询时进行讨论。

⑥反馈与调整。在每一次咨询后，都与小戴进行进一步的沟通，对咨询的过程和结果进行反馈评价，并依据其反馈，对咨询计划进行调整。

（2）人本主义疗法

人本主义心理学对人类的需求进行了层次划分，从基础到高级分别是：生理需求、安全需求、社交需求、尊重需求和自我实现需求。这种理论主张，心理问题的根源在于当较低层次的需求得到一定满足后，更高层次的需求无法得到满足。当这种情况发生时，个体可能会感到负面情绪和痛苦，进而导致心理障碍。因此，对于心理问题的解决，需要关注个体的整体需求层次，特别是满足其更高层次的需求，以增强其心理满足感和幸福感。

根据人本主义的观点，在该案例中，小戴在成长的过程中内化了父母对她的价值观，把父母的价值观当作自己价值观的一部分。在成长的过程中，父母都特别地疼爱关心她，以小戴为生活的中心，导致在她的观念当中，别人认可她是一件非常正常的事情，当来自外界的观点和看法与她不一致时，她就会认为自己受到了否定。其过往的经验与其目前的生活状况之间产生了冲突，这种不和谐导致她越发不能主动自我调节，适应当前环境，最终产生了抑郁、焦虑、烦躁等各种心理情绪问题。根据人本主义疗法的观点，我对小戴的治疗最终目标是将其父母带给她的、以她为中心的观点和相应的错误想法进行调整，帮助她积极地进行自我调整，使她的需要能够与现实学校生活相和谐，帮助她找回真实的自我，而不是为了迎合他人的观点，把他人的观点当作自己的想法。

从人本主义角度进行案例分析。生理需求：小戴是否适应新的环境，在这种环境下是否有足够的睡眠、饮食和锻炼。安全需求：小戴是否有安全稳定的校园环境，是否有友好的师生关系、朋友关系。尊重需求：小戴个人特点和选择是否在新的环境得到尊重。归属感需求：小戴是否获得新寝室室友、新班级同学的接纳，获得归属感。自我实现需求：小戴的潜力和价值是否被发现。

在该案例当中，小戴的一些需要没有得到满足，特别是心理上的高层次需要，如尊重、社交的需要等。在饮食习惯上，由于南北方的差异，小戴习惯于吃面食，而在南方以米食为主，小戴有胃病，米饭食用过多会导致其胃反酸。除此之外，当地的饭食偏辣，这也导致她没有办法很好地适应当地的饮食习惯。在睡眠方面也没有得到足够的优质睡眠时间，由于小戴以前一直走读，在家里有自己单独的房间，这种个人空间使其有良好的睡眠物理环境和心理环境。但是在6人寝室当中，由于人多，每个人都有自己的生活习惯，睡眠过程中会产生噪音，导致其晚上睡眠不佳。小戴反映她经常晚上十一二点睡不着，凌晨三四点就醒了，白天没有充足的精神来学习、生活。由此可见，她的基本生理需求未得到满足，阻碍了其适应大学生活。除此之外，她得到的认可和鼓励也较少。从小戴与班主任的对话过程，以及与室友的对话过程中，可以发现室友和班主任都认为小戴较为自私、以自我为中心，对其优点提及较少。

咨询中用到的技术和方法：积极倾听；自我披露；建设性反馈。给予小戴具体的建议和反馈，帮助她改进自己的学习和社交技能。

7. 咨询过程

本案例咨询共分三个阶段：

7.1 诊断阶段。诊断阶段为第一次咨询，这个阶段的主要任务是：第一，与小戴建立良好的咨询关系，让其能够信任我这个咨询师，相信我不会将她的消息透露给别人，相信我能够帮助她调节好她目前的状态，适应当前的生活。第二，调整她的求助动机。小戴前来求助是班主任介绍的，她个人并没有主动求助意愿。在该阶段要通过咨询使其能够产生主动咨询的想法。改变咨询动机，让其动机转化为自我调整的求助动机。第三，搜集小戴的其他相关信息并进行心理测试。确定咨询的目标，制订相应的心理咨询方案。

7.2 咨询阶段。咨询阶段为第二、三次咨询，根据前期与小戴一起制订的心理咨询目标，采用理性情绪行为疗法，帮助小戴纠正其认知当中的核心观点错误，错误观点及理论依据在案例分析和方法中已经讨论，在此不再详述。在该阶段，我主要从以下内容展开咨询以及提供帮助。在人际关系困扰上，通过与她建立良好的咨询关系，让她获得他人的关心和无条件的关注，使其获得心理上的安全感，并且运用真诚、鼓励等方式与其交流，用示范法教授她如何更好地与人交往。除此之外，帮助她建立社会支持网络，通过与其室友、班主任进行谈话，让她们理解小戴目前的困难。鼓励她与同学们展开合作学习，参加社团、学生组织等，帮助她更好地适应人际关系。在学习方面，我和小戴一起进行商议，制订了个性化的学习计划，其中包括短期和中长期的学习目标，制订了每周学习计划表，帮助她分解各科的学习任务，合理地安排学习和复习的时间。除此之外，与班主任、任课老师对接，向小戴提供与其专业相关的学习资料和参考用书。帮助她建立学习信心，鼓励她积极参与课堂互动，通过在课堂当中的互动与交流，增加老师和学生们对她的熟悉感、认可度，从而提高其学习的兴趣和主动性。

7.3 结束与巩固阶段。此阶段为第四次咨询，在咨询过程中，主要由小戴进行反馈，通过小戴对日常生活学习的分享来评估她是否将咨询中学到的人际关系、学习等方面技能运用到日常生活学习中，最后结束本次咨询。

8. 咨询效果及评估

通过心理咨询，小戴感觉自己好多了，之前的焦虑和抑郁情绪得到了较大的缓解。现在能够与寝室室友一起行动，与班级同学关系变得较为融洽，对未来生活有了希望。在对其班主任、寝室室友的随访中得知，小戴现在情绪较为稳定，没有再和室友发生矛盾，能够控制自己的情绪和言行，听取他人的建议。学习上较为努力，上课能够认真听讲。心理测试结果显示，咨询后Excel-90各项因子分均低于两分，表明小戴的心理状态有了较大改善。

案例二：我该何去何从

1. 来访者一般资料介绍

熊某，男，24岁，历史专业大四学生。在校期间表现良好，是一名班级干部，有一定的团队协作和组织能力，积极参加各项社会实践活动，多次获得奖、助学金，没有违反校规校纪的记录。在校期间自我评价良好，认为自己比一般同学能力更强，能够处理好老师和同学们之间的关系，也比一般同学承担更多的班级、学院、学校事务。

熊某来自农村家庭，家庭经济状况较差，父母均为农民，家庭收入较低，支持其完成大学学业的费用主要来自奖、助学金和国家助学贷款。家中有一个弟弟，一个妹妹，弟弟在读高三，妹妹读初三，待其毕业之后，需要承担弟、妹的部分教育花费。

近段时间，其由于工作问题与家中发生矛盾。父母希望他能够尽快考上公务员，进入体制内，获得一份稳定的工作。他已经听从父母的要求，参加过几次公务员及事业编考试，但每一次都没有进入面试，他不想再考了。他认为，如果大四下学期考不上，家庭经济情况不足以支撑其继续参加考试，因此他想要找到一份工作养活自己，并且能够帮助家庭分担一定的经济压力。但是，他在找工作的面试过程中屡屡碰壁，还遇到过不友好的面试官，对其能力进行了否定，这与他在校期间同学们、老师们和他本人对自己的评价差别很大，因此他受到较大的打击。现在熊某对于自己听从父母的要求考工作抑或是找工作都感觉很无力，不知道何去何从。

基本情况：熊某无重大躯体疾病的历史，且其家族也未有精神疾病记录。在最近一段时间内，熊某并未表现出任何疾病的症状。通过艾森克人格问卷（EPQ）的测验，得到了以下结果：E量表得分为65分，N量表得分为70分，P量表得分为65分，L量表得分为20分。这些数据表明熊某属于外向不稳定型人格，可能容易受到情绪的影响而做出冲动行为。使用了SAS抑郁—焦虑量表对熊某进行了评估，根据标准分计算，熊某的分数为61分，这表明他存在中度的焦虑症状。在整个测试过程中，熊某表现出了高度的合作意愿和诚实态度，评估结果具有较高的可信度。

2. 来访者主诉

家里人根本不能理解我现在所遇到的困难是多么巨大，不知道我承受着多大的煎熬。我爸妈总觉得考上编制是一件理所当然的事情，他们总是跟我讲哪个朋友家或者邻居家的谁谁谁又考上了编制，或者在体制内有着怎样的朝九晚五的生活，但是现实根本不是这样的。当然如果能够考上，我也是愿意听从家里的话去考的，毕竟家里还有弟弟妹妹等着我去帮助，一个马上要读大学了，另一个要读高中了，正是需要钱的时候。但是我已经尝试了好几次，每次都没有进入面试，这说明我根本就不是这块料。

我在学校的时候同学和老师都夸奖我能力强，我获得过很多次奖学金，也参加过一些社团活动，但是不知道为什么，这对于找工作好像没有什么帮助。我去面试过老师、办公室文员，甚至销售员岗位，但没想到我想去的那几个待遇比较好的、与我专业有点关联的单位，都没有给我发录用通知。最后我去了一个公司做销售员，其实我真的不想去，但是我需要钱。这个单位不去不知道，他们的管理非常混乱，比如销售人员应该只考核销售业绩，没想到还要考核出勤情况。反正在那里，我和领导、同事都吵过架，我认为我那是勇士的行为，说出了大家敢怒不敢言的问题，结果领导和同事都看我不顺眼，最后我不得已辞职了。

我给我爸妈讲了这件事情，本来是希望获得他们的理解或者安慰，没想到我爸妈反倒怪我浪费时间去做没用的事情，说我就应该安安心心待在学校复习准备考试。他们没想过，我一毕业就要开始还贷款，就要负担弟、妹的教育费用。而且作为家里的老大，我必须要做好榜样。如果我毕业了，还要朝家里要钱，不挣钱还要花钱准备考试，这能起到什么榜样作用？这不是反面例子嘛！

我现在真的不知道该何去何从，不管是找工作还是考编，我觉得哪一条路都不适合我走，哪一条路我都走不好。似乎从前的一切都是假的，都是虚幻的，那些奖励和荣誉都跟我没有关系，现在的"失败"才是真的。

3. 咨询师观察及身边他人的访谈结果

熊某进入咨询室，我介绍完咨询的基本情况后，他就开始侃侃而谈，说话的时候双手也会不停地挥舞，身体语言较为丰富。嗓音洪亮，说到激动之处，顿足拍掌，但基本说的都是在大学期间的事情。当我打断他，询问他前来咨询的目的时，他的情绪忽然变得低落，后期谈话主要涉及就业问题，整体情绪不佳。但总体而言他都能够主动进行交流，逻辑清晰，条理分明，思维流畅。

与他的班主任及关系较好的室友开展访谈，他们反映熊某在校期间学习非常用功，在寝室里总是起得最早，回寝室最晚，也获得过奖、助学金。由于家庭经济情况不好，他在校期间非常节约，很少参与社交活动，寝室成员过生日相互宴请，他从不参与。行事风格较为霸道，不太容易听进去他人的建议，自我感觉较为良好。熊某的朋友曾经跟他分享自己的学习经验，但是被熊某嗤之以鼻，他认为自己的方法是最好的，还要朋友跟着他学习，这样才能取得好成绩。熊某在与他人相处的过程当中，出现意见和分歧时，总是坚持自己的看法，不太容易认同与他不一样的观点。但他为人诚恳，踏实，乐于助人，团结同学，在大多数情况下，能够与人和谐相处，热衷于班级事务，为班级做过较多贡献。大四下学期以来，熊某变得和以前不太一样，总是一个人待着，很少与同学相处，也不再帮助处理班级事务。

4. 评估与诊断

4.1 病程评估

4.1.1 认知、情绪、意志等各方面较为完整，有着完整的自知力、自控力，属于心理的正常范围。

4.1.2 目前有中度焦虑情绪，伴随轻度情绪问题。

4.1.3 症状出现时间大于两个月，但感受到明显心理不适应在近一个月，即小于两个月，仅在就业问题上感到焦虑，未发生泛化。

4.1.4 熊某身体健康，没有疾病，排除生理不适导致的心理焦虑。家庭生活中没有重大变故发生，排除家庭生活导致的心理问题。焦虑主要来源于无法正确调适自己的心理状态，以应对大四要找工作或考编这一两难问题。

对目前整理的资料进行分析，结合会谈并根据心理学病与非病三原则可知，熊某自知力完整，排除患有精神类疾病性心理障碍。由于这些不良情绪和现象是由明确因素所导致的，即无法正确应对大四毕业就业等问题，属于正常的心理活动变化。

4.2 鉴别诊断

4.2.1 与精神类疾病相鉴别，熊某在咨询的过程中知道自己在做什么，能够全面地看待自己目前的问题，没有感知觉异常、幻想等精神类疾病症状，在沟通表达中思维逻辑正常，可以排除其患有精神类疾病。

4.2.2 与焦虑症相鉴别，焦虑症患者常常处于高度警惕的状态，对周围的人或事物过于谨慎，过分担忧自己的某些方面。虽然测试结果显示，熊某存在着中度的焦虑情绪，但其焦虑有明显的诱因，并且未达到泛化的程度。目前能够正常饮食睡眠，能够与他人正常交往，未出现广泛性的泛化和回避，持续的时间为一个月左右，对其学习生活等社会功能没有造成严重的损害，可以排除他患有焦虑症。

4.2.3 与严重心理问题相鉴别，通过量表测试，与熊某的班主任、同学的访谈结果和在咨询室中与熊某的交流来看，这种心理状态的变化对其学习、生活影响程度较小，病程时间较短，导致其焦虑的是就业问题，其他事件不会让熊某产生焦虑和痛苦，没有达到严重的心理问题，可以排除他有严重的心理问题。

4.2.4 问题总结

（1）对于经济压力的担忧；

（2）自我评价与他人评价有一定的差距；

（3）无法正确选择自己的未来职业发展走向。

5. 咨询目标的制订

5.1 引导熊某全面地、正确地了解自我、接受自我，面对当前的现实。接受当下自己面临两难困境的现状，明白这是一种普遍性现象，而非只在他身上发生的现象，他产生困惑、矛盾、焦虑是正常的心理过程。

5.2 帮助熊某建立正确的关于学习的专业与就业之间关系的认知，正确地评价自己的专业学习与在校表现，树立对自我专业积极的认知。

5.3 引导熊某与过去的自己告别，放下过去的成功与骄傲，正确地认识到未来是从当下开始的，是个体走向社会新的开始，一切从零出发。

5.4　教授他一定的面试、学习技巧，提供相应的面试资源，让他能够在就业与继续考试之间有选择的自由。

5.5　挖掘熊某自身的内在潜能，重新点燃他的斗志以及主动进取的热情。

6. 咨询方案设计

6.1　咨询阶段

对于该案例的咨询总共包括三个阶段：

第一阶段是咨询关系的建立，对熊某进行心理问题评估与诊断。在这一阶段要完成以下咨询目标。第一，建立良好的咨询关系，让熊某信任咨询师，愿意与咨询师主动进行沟通，只有在此基础上才能进行后续的咨询。第二，完成对熊某的心理评估。在这一阶段要对熊某进行一次评估，完成对其心理现状的初步了解。

第二阶段是咨询阶段，在这个阶段要帮助熊某具体分析和解决目前遇到的问题和困难，改变其在自我认知中不合理的地方，并且帮助调节其情绪和行为，帮助他找到就业发展方向。

第三阶段是巩固与结束阶段，与熊某一起制订一个实际的择业、就业行动计划，包括进一步增强自己的能力、改善求职策略、寻找更多的就业机会等。定期与熊某会面，监控他的心理变化进展，给予他支持和鼓励，同时评估其是否需要进一步的咨询和治疗。

6.2　咨询方法

（1）认知—行为疗法

该疗法是由贝克提出的，主要针对焦虑症等心理疾病，有着良好的治愈作用，具有认知取向结构短程的特征。在本案例中，主要着眼于改变熊某不合理的认知。该方法认为，正是由于熊某在过去成长过程中错误的、不对等的经验，导致了他现在对自己、对工作持有错误的看法和态度，只要能够验证出这种看法的错误，就能够帮助他改变不合理的认知。该疗法需要用到三栏记录表、检查证据表、五栏记录表、挑战错误的两极化思维等工具。

识别自动思维：三栏记录表

日期	事件	想法（自动思维）	情绪和行为反应

检查证据，如：检查信念——我是个失败者

支持的证据	反对的证据
他不喜欢我	我有许多喜欢我的朋友
上次的工作报告我做得很糟	我诚实而且正派

替代思维：五栏记录表

事件	自动思维	反应	替代思维	反应

挑战错误的两极化思维

全或无思维	证明思维不正确的事例	有时候我会
我总是被人拒绝	上次他没有拒绝我	有时候我不被拒绝

（2）行为技术法

行为技术起源于行为主义，该方法认为可以通过改变外部环境和刺激来影响个体的行为，从而达到解决心理问题的目标。具体而言，是指通过外在的调整，即改变熊某的不良行为或思维模式，来达到改变其心理状态的一种方法。在与熊某的咨询过程中，发现熊某经常处于矛盾之中，而忽略了当下正在做的事情，无法专心进行学习。因此通过行为技术法帮助熊某了解自己目前对考试、就业焦虑背后的真正原因，从而更好地应对就业与考试之间的矛盾。

提供证据证明其核心信念"我必须承担家庭经济重任"是不合理的，缓解其心理压力；教授熊某缓解焦虑的具体方法，如放松、冥想、深呼吸等，缓解其紧张焦虑情绪；训练其自我表达的能力和自我探索的能力，帮助熊某了解自己的优势，更重要的是使其意识到自己不是一个完美的人，能够认识到自己的不足，提高其自我认知的全面性和自我表达能力；通过对熊某进行模拟面试、提供求职渠道等方式，帮助他更好地应对求职。

课后作业布置。咨询结束之后，根据咨询进度，安排家庭任务，要求熊某完成自己的作业。这里的作业没有对错之分，主要是记录熊某在两次咨询之间产生的情绪问题，记录他当下的反应、过程和最终的结果，在下次进行咨询时进行讨论。

反馈与调整。在每一次会谈后，进行进一步的沟通，对咨询中的过程和结果进行反馈评价，并依据其反馈，对治疗做进一步调整。

7. 咨询过程

7.1　诊断阶段。良好的咨询关系是心理咨询的前提，通过与熊某的沟通，我发现他是一个较为自信的人，在该阶段我充分给予其尊重，倾听他的观点，即使他有和旁人不一致的观点，我也能够站在中立的角度尊重他，在此基础上得以建立良好的关系。利用职业量表测量熊某的职业兴趣和目标，探索他的职业技能，初次探索他究竟适合什么样的职业，帮助他找到大概的就业方向。在整个过程中给予他情绪的支持，积极关注其情绪变化并动态给予必要的支持和安慰，缓解他目前感受到的焦虑和压力。在咨询过后与其父母进行对话，尽量为他减轻来自家庭的压力与负担。

7.2　咨询阶段。该阶段主要解决如下两个问题。第一，解决熊某对于自我认知的迷茫。如前所述，当前他的自我认知存在矛盾，因此我通过行为认知训练对其进行认知重构，提升其自信心和自我效能，并且在此基础上教授他情绪调节的方法，帮助他应对不良情绪。在初次咨询之后，给予他三栏记录表，让他记录出现较大情绪波动或行为反应时的事件想法（自动化思维）。在第二次咨询过程中，与他进行信念检查，要他拿出自己不合理信念中的支持证据和反对证据，例如他认为面试失败代表他是一个失败者，那么这个时候要求他指出反对的证据，以身边的朋友或同学并非每次面试都成功，来证明他的观点是错误的。通过多个信念的检查，反复进行论证，改变他信念中不合理的部分。第二，解决他就业和考试之间的矛盾。通过与熊某的咨询，发现他一直想要先就业，而并非专门在家考试。但由于前期面试的失败，以及工作中受到的打击，让他对自我产生了否定，因此我对其进行面试技能和策略的提升培训，比如，如何与上级或同事进行沟通，面试过程中如何回答面试官的问题。主要通过模拟面试、角色扮演等方法增强其自信心，提高其面试能力，让其拥有进行选择的能力。

7.3 结束与巩固。这是咨询的最后一个阶段，这一阶段主要进行回顾和巩固，首先，由熊某进行发言，谈一谈这一段时间他的心理状态变化，在生活过程中如何运用前面讲到的一些方法技巧以及效果如何。其次，预测未来可能会面临的问题，并一起制订解决的具体方案。熊某的计划是先找到一份工作，利用业余的时间，根据父母的要求进行学习、考试。我们针对在此过程中可能会遇到的时间不足、他人的否定、家人的不理解等问题，进行了具体的方法探索，以及应对方案。例如，时间不足如何挤时间，如何看待他人的否定，以及如何与家人进行和谐的沟通。最后是给予熊某进一步的情绪支持和心理调适，向熊某表示，如果他后期遇到挫折或压力难以调整，可以回到咨询室和我一起探索，一起应对挑战，使其获得安全感。

8. 咨询效果及评估

主要问题：

（1）熊某是否已经解决了职业迷茫的问题，找到了自己的职业方向？

（2）熊某是否在面试中表现得更加自信和成功？

（3）熊某是否已经学会了认知行为疗法中的技能和策略，并能够在日常生活中应用？

（4）熊某是否在情绪管理和心理调适方面有所提高？

通过本次的职业心理辅导，熊某表示自己现在已经能够正确地看待就业的问题，对于家庭经济困难导致的自卑心理也能够正确地认识。除此之外，他学习到了新的面试方法技巧，感觉自己焕然一新，对于职场中的一些不平等的事情，也能够正确去看待。当产生不良情绪的时候，能够第一时间发觉情绪波动，让自己先冷静三分钟，然后他发现自己可以慢慢控制自己的情绪。他表示相信自己在未来能够运用这些方法、技术，较好地适应当下的生活。

第二节　大学生学校适应概述

一、大学生的基本概念

研究大学生学校适应教育体系，首先要明确学校适应教育体系构建的目的是什么，为谁构建，以什么样的标准来衡量这个教育体系是否有效等问题。在本书的前言中，笔者已经对目的进行了具体的阐述，在这里进行一个简单的回答。它的目的就是为了提高大学生的学校适应能力，提高高等教育水平，提升大学生整体素质。不言而喻，这个教育体系最终就是为大学生而构建和服务的，以是否能够有益于大学生适应学校为标准衡量其作用。因此，本研究的主体、重点、中心应该是大学生。那么，我们首要做的应该是对"大学生"这一概念进行准确的定义。

"大学"在《辞海》中是这样解释的：实施高等教育的学校，分为综合大学、专科大学或学院。中国大学以本科为基本组成部分，有的设专修科和研究生机构。大学本科根据经济社会需要和学校性质分设若干专业，以几种相近的专业合组成系，招收高级中学及同等学校毕业生或具有同等学力者，学习年限一般为四年，医科及某些专业为五年或五年以上〔《辞海》（第七版）〕。由此可见，一般意义上的大学不仅包括本科，还包括专科和研究生机构，也就是普通高等学校。[①]那么大学是否等同于普通高等学校呢？在教育部颁发的《普通高等学校设置暂行条例》（1986）中进行了明确的规定和解释。《普通高等学校设置暂行条例》（1986）（以下简称《条例》）对高等教育设置进行了进一步规定，该《条例》明确规定不是所有的普通高等学校都叫作大学，普通高等学校包括全日制大学、独立设置的学院和高等专科学校、高等职业学校四种，他们都以通过国家规定的专门入学考试的高级中学毕业学生为主要培养对象，但是大学及学院

---

① 林永柏，曾蜀云，姜平平. 综合性大学的涵义及特征刍议〔J〕. 现代教育科学，2009（01）.

与高等专科学校及高等职业学校在学校的专业设置、匹配教师资格要求、数量规定、兼职教师比例［第二章，第七条（一）（二）（三）］、适用图书册数、门类、仪器设备（第二章，第九条）、学校名称（第三章，第十三、十四、十五条）等方面分别有着不同的规定与要求。《条例》第二章，设置标准中规定大学及学院在教师配比、副教授配比上一致；高等专科学校及高等职业学校在专业课程教师配比上、副教授配比上一致，但与大学及学院有着不同的规定。由此可见，大学与学院在设置标准上是一致的，与高等专科学校及高等职业学校相区别。在培养人才上，《条例》规定大学与学院主要培养本科及本科以上的专门人才，高等专科学校及高等职业学校主要培养高等专科层次的专门人才。

综合上述分析可以发现，大学与学院在设置标准、培养人才上都是一致的，与其他类别的普通高等学院有着完全不同的要求和区别，因此本研究的目标群体"大学生"是指培养本科及本科以上人才的"大学"及"学院"的学生，即本科层次的普通高等学校。

二、学校适应的基本概念

适应（adaptation）词根为拉丁语adaptare，意为符合、契合，在生物学、社会学、心理学等领域中被广泛研究及使用。生物学中的"适应"强调个体与外界环境互动时，能够不断进行自我调整、修改，提高生存能力，为保障自身、后代生存及种族延续所做的努力。社会学中的"适应"则更加强调个体在社会环境中，生物体之间通过调整自身或环境，达到彼此之间能够相互友好相处，获得生存所需资源。心理学的"适应"不仅关注个体身体（睡眠、疾病等）和个体心理（人格、心理状态、思维等），也强调社会责任等各方面。

本书从较早提出和较多使用两个方面对学校适应概念进行梳理，并在已有学者对学校适应的概念界定的基础上，根据本研究的研究内容和需要，对学校适应进行再定义。

国外学者Ladd最早完整提出"学校适应"这一概念，他认为学校适应是指儿童在学校环境下，是否能够愉快地参与学校的各项活动以及获得成功的情况。Birch也对学校适应进行了类似的界定，与Ladd一样，他也认为学校适应是学生在学校中的综合表现。但有所不同的是，Birch更加强调学校适应内容的多样性，增加了学生态度、学生产生的情感体验等获得性元素。Birch将学校适应定义为学生在学校学习、生活、人际等各方面的表现，包括学生在此过程中形成的对学校的整体印象。

在我国，对于学校适应的定义从单纯将学校适应作为一项能力，到注重学生自我调适以达到适应的过程的变化，再到关注学生适应的各方面体验及态度，可见对学校适应的定义随着研究的不断深入更加科学合理。早期，我国著名心理学家林崇德[①]先生对学校适应做出如下界定：学校适应是指个体能够应对学校环境、气氛、各种规范要求。许传新[②]认为学校适应是个体在学校不断地在学习方法、行为习惯、社会交往等方面做出种种调适，从而适应自身所处学校环境的过程。邹小勤[③]对学校适应的概念界定与Ladd有相似之处，他们都重视学生在学校里面活动的结果，但她的结果不是"学校内的成就、成功"，而是一种良好互动的能力。她认为学校适应是学生在学校能够不断获得与环境（包括校园情境）良好互动的能力，达到在学校里以愉快的心情度过学校生活的状态，并且能完成学校对学生要求的各项任务。王玉[④]等认为学校适应是学生与学校环境的一种互动过程，是学生通过积极地调整自己的身心，不断适应学校环境，顺利完成学业的过程。

三、大学生学校适应的内涵

本研究以大学生为研究对象，相较于其他阶段的学生有着其特殊之处，他们要面临从出生到上大学之前前所未有的独立，自由的发展与艰巨

---

① 林崇德，杨治良，黄希庭. 心理学大辞典［M］. 上海：上海教育出版社. 2003.
② 许传新. 学校适应情况：流动儿童与留守儿童的比较分析［J］. 中国农村观察. 2010（01）.
③ 邹小勤. 我国大学生学校适应研究［D］. 厦门大学. 2013.
④ 王玉；李艳霞. 融合教育视角下听障大学生学校适应与心理健康的关系研究［J］. 现代特殊教育. 2015.

的发展任务并存，包括与家庭分离、经济的相对自由、自主的学习方式、自由的人际交往、克服孤独感、丰富的实践任务、成熟的任务等。这一切都让大学生学校适应的任务更艰巨、要适应的内容更丰富、适应的必要性更急迫、适应的影响更长远。因此，笔者认为，大学生学校适应的内涵和外延都应该有别于其他阶段学生，需要更加深刻和丰富。

笔者在综合已有概念界定的基础上，结合本研究对大学生学校适应进行如下界定：大学生学校适应是指大学本科生在校期间拥有健康的身心、生活方式，与大学校园、学习生活进行良好互动，积极发挥其主观能动性，获得各项人才培养所需要的能力，成为社会发展所需人才。大学生学校适应包括学业适应、身心适应、人际适应、校园生活适应、就业适应等五个方面。

四、大学生学校适应研究趋势及关注度

大学生学校适应在早期并没有得到学术界的重视，但随着社会的发展，有关大学生的研究也不断深入。以"大学生学校适应"为关键词在中国知网进行检索，共检索到634条结果，1941年—2005年期间发文量一直较为平稳，2006年—2019年研究总体呈上升趋势，2019年达到顶峰，有149条，之后呈下降趋势。

关于大学生学校适应的国内学术关注度，2013至2023年间，大学生学校适应这一主题颇受学术界关注，但是2022至2023年，国内关注度有所降低。

关于大学生学校适应的国外学术关注度，2013至2023年间，相较国内关注度的大幅度变化，国外学术界对大学生学校适应这一主题一直存在一定的热度。

关于大学生学校适应文献的学术传播度，2013至2023年间，这一主题被引用量一直居高不下，年均被引次数超过200次。2019年—2022年间，均超过400次，学术传播度广，且涉及多个研究领域。

在学科分布上，教育理论与教育管理学、心理学以及高等教育是大学生学校适应主要涉及的三大学科，其中，教育理论与教育管理学科占43.79%，心理学占20.9%，高等教育研究占20.62%。

五、大学生学校适应研究的意义

随着社会的迅速发展，个体需要进行的适应任务也在不断变化，其中，学校适应是进入学校学习的每个学生必须完成的一项任务。只有适应了学校的环境、学习的任务、校园人际关系等多重适应任务，个体才能够在学校中顺利完成学业，获得自身的成长。而随着义务教育的普及，高中教育、高等教育、职业教育等全面开花，学校俨然成为现代社会个体学习的主要场所，几乎每个人都会接受学校教育，也就是说几乎每个人或多或少都要经历学校适应，完成学校适应任务。学校适应与其他适应不同，进入学校时，个体彼此之间将脱离所处的所有圈子，如家庭、朋友、社区等，形成新的不依赖于血缘的人际、生活、学习圈。在此过程中，需要个体不断地去适应学校，包括初次适应、再适应、适应不良、调整等一系列流程，要完成不同学龄段新学校、新环境、新任务、陌生人际等多方面的适应。如果个体无法进行良好的学校适应，学生就会产生一系列问题，不仅影响个体自身发展、身心健康，对于学校管理、教师教学等也会造成消极后果。

在现实生活中，学生因为学校适应不良，导致自暴自弃的例子数不胜数。如16岁的学生张某，从小学到初中一直在一个地方读书，从小品学兼优、听话乖巧。但自从上高中以后，该学生成绩一落千丈，性格变得乖张，上课不认真听讲，课后不完成作业，多次和家人吵架，要求退学。家长苦口婆心进行劝诫，然而学生情况不仅没有得到改善，而且出现了更多问题。家长和学生都十分痛苦，不知道到底是怎么了。经过深入了解发现，该学生上了高中以后，渐渐开始感到自己不像初中那样突出，从优等生变成了普通生。而那些考试成绩不如她的同学，在知识面、人际交往等方面都要比她强。在宿舍里，同学谈天说地，她想要成为焦点，却发现自己根本插不上嘴，因此心里产生失落感，并感受到种种莫名的威胁。后果就是她上课注意力不能集中、思维停顿，晚上不能入眠。逐渐排斥住校这件事情，害怕见学校的门、宿舍的床，甚至对学校产生恐惧，渐渐地自我放弃，不愿意再上学。这就是学校适应不良在学生身上的现实写照，它不利于个体身心健康发展，是学生学习生涯的阻碍之一。

第二章 大学生学校适应的研究现状

第一节 大学生学校适应的研究历史与发展

一、研究历史

与学校适应有关的研究最早起源于18世纪50年代，起初并非对于学生是否适应学校的研究，而是关注使其他东西适应学校的发展，即适应学校，如使某种机制促进学校教学发展，促进某些改革适应学校发展等[①]。直到19世纪初，秋华以"新生哪些方面不适应学校生活"为题，对新生的学校适应情况进行论述[②]，学生学校适应这一概念才被真正提出并加以研究，但是研究数量并不多，只有零星的一些研究成果。直到20世纪后期，随着社会发展的加快，社会对人才要求的不断提升，学生的压力不断增加，学校适应问题逐渐成为一个普遍的现象，学校适应才真正被关心，被广泛研究，相应的概念不断被提出和完善，相应的研究工具被开发出来。

二、研究现状及进展

在研究对象分布上，目前关于"学校适应"的研究主要集中在基础教育阶段学生、特殊群体学生（如留守儿童、流动儿童、特殊儿童）上。笔者以"学校适应"为关键词在中国知网进行检索，被引用量排名前40的文献中（被引量>68次），仅有9篇文献涉及大学生群体（其中包括特殊群

---

① 李迪光. 评比竞赛不适应学校教学特点［J］. 湖南教育，1959（12）.
② 秋华. 新生哪些方面不适应学校生活［J］. 云南教育，1989（Z2）.

体大学生），其他31篇文献的研究对象均是中小学生、青少年、流动儿童等。如Birch等、Ladd等以低年级儿童为对象，对师生关系与儿童的学校适应进行研究，发现师生关系是影响儿童学校适应的重要因素，良好的师生关系、与教师的高亲密度能够增加儿童对学校的喜爱，提高儿童的学校适应程度。Buhs选取小学五年级学生为研究对象，对其同伴拒绝、消极同伴待遇和学校适应进行研究。刘世宏[1]等、黄时华[2]等、张光珍[3]等均以初中生为研究对象，对研究初中生学校适应的现状、作用、影响因素等进行了研究。陈英敏[4]等在已有研究基础上，对初中生人际关系与学校适应的关系进行了多重中介模型检验，进一步探索二者关系。凌辉[5]等则选取小学阶段的学生为研究对象进行研究。

在研究方法上，目前国内外对学校适应的研究方法主要以量化研究为主，质性研究和整合研究方法采用得较少。如陈英敏等采用问卷法对济南市555名初中生进行调查，采用中介模型检验的分析方法研究初中生学校适应的影响因素。研究结果发现，所调查的亲子关系、师生关系、同伴关系三个影响因素中，师生关系是影响初中生学校适应的主要因素。进一步分析发现，亲子关系与初中生学校适应没有直接关系，即亲子关系不直接影响个体学校适应，而是通过影响初中生师生关系、同伴关系，间接影响初中生的学校适应。该结果说明，教师对初中生有着极其重要的作用，是初中生能否良好适应学校生活的极其重要的因素。Ppudah Ki采用调查法对韩国1759名儿童进行研究，考察其学校适应与学业成绩的关系。

在研究工具上，问卷测量是学校适应研究中最常使用的研究工具，低

① 刘世宏，李丹，刘晓洁，等. 青少年的学校适应问题：家庭亲密度、家庭道德情绪和责任感的作用［J］. 心理科学，2014，37（03）.

② 黄时华，蔡枫霞，刘佩玲，等. 初中生亲子关系和学校适应：情绪调节自我效能感的中介作用［J］. 中国临床心理学杂志，2015，23（01）.

③ 张光珍，王娟娟，梁宗保，等. 初中生心理弹性与学校适应的关系［J］. 心理发展与教育，2017，33（01）.

④ 陈英敏，李迎丽，肖胜，等. 初中生人际关系与学校适应的关系：多重中介模型检验［J］. 中国特殊教育，2019（04）.

⑤ 凌辉，黎任水，张建人，等. 小学高年级学生亲子关系与学校适应：自立行为的中介作用［J］. 中国临床心理学杂志，2019（01）.

年级儿童则常使用自我报告和同伴提名法进行调查。Baker等于1999年编制的SACQ（Student Adaptation to College Questionnaire manual，大学生学校适应问卷）在国外研究中常被采用，它包括学习适应、社会适应、个人情感适应以及学校认同4个维度。Lara等人选取500多名大一学生进行调查，对SACQ进行内部结构一致性检验，采用探索性因素分析、最大似然估计、斜因子旋转等统计方法，结果表明SACQ问卷能够较好地测查大学生在校期间适应情况，具有良好的效度。除此之外，SCL-90、明尼苏达大学适应不良分量表等也常常被用来测量大学生学校适应情况，较为广泛地用于大学生学校适应不良的初筛。国内大学生学校适应量表主要有两种，一种是在国外成熟量表基础上修订的中文版大学生学校适应量表，另一种是学者们根据本土情况自编的大学生学校适应量表。如教育部《大学生心理健康测评系统》课题组[1]在借鉴国外已有适应量表加以访谈，编制了《中国大学生适应量表》，该量表侧重于了解在校学习的大学生这一群体的适应情况。该量表包含人际关系适应、学习适应、校园适应、择业适应、情绪适应、自我适应和满意度7个维度，共计60个项目，量表间的克隆巴赫系数在0.65至0.82之间，全量表的α系数为0.93。欧阳娟[2]在国外学者Baker编制的大学生学校适应量表基础上，通过项目分析、探索性因素分析修订出适合中国大学生的学校适应量表，新的量表包括人际适应性、总体评价、个人情绪适应性、学习适应性、对大学的认可度5个维度的60个项目。而邹小勤[3]对中国大学生学校适应重新定义，从"大学生的学校适应"角度出发，编制了大学生学校适应问卷，该问卷包括学习适应、同伴关系适应、身心适应、校园生活适应和就业适应5个维度，该问卷更加侧重于关注大学生群体在变化的大学环境中适应情况这一问题。

在研究内容上，早期关于学校适应的研究主要在于对学校适应不良的

---

[1] 教育部《大学生心理健康测评系统》课题组，方晓义，沃建中，蔺秀云. 《中国大学生适应量表》的编制 [J]. 心理与行为研究，2005（02）.

[2] 欧阳娟. 大学新生适应性量表（SACQ）的修订与应用研究 [D]. 湖南师范大学，2012.

[3] 邹小勤. 我国大学生学校适应研究 [D]. 厦门大学. 2013.

研究，主要测查学生的辍学情况、考勤情况①。后来随着研究的进一步深入，开始以学生的学业成绩、校园适应等适应结果为主要研究内容。如张克文②等人早于2002年运用 LASS与SCL-90两个研究工具，以高中生为对象，进行了《学校生活适应量表》研究，以结果为导向，以高中生在学校的生活适应为主要内容，编制了包含集体适应、自我接纳、同伴关系、学业适应和师生关系5个维度的学校适应量表。现阶段，关于学校适应的研究主要集中在学校适应现状及特点、学校适应结构探讨、学校适应不良的现实表现和消极影响、学校适应的教育对策探索以及学校适应的影响因素等方面。

三、研究展望

虽然关于学校适应的研究，看似已经涉及学生学校适应的许多方面，但是存在较为明显的问题，它缺乏一个系统的、整体性的研究。生态心理学提出的发展生态学理论认为，每个个体在发展过程中，实际上都嵌套于相互影响的一系列环境系统之中。在这些系统中，系统与个体相互作用并影响着个体发展③，即学生在学校的学习、生活并不是孤立的、被隔离的存在，实际上，学生之间、学生和教师、学生和学校以及周围的环境是相互作用的，是能动的。因此，学校适应并不是单方面的学生被动适应的过程，也不是仅仅在校园内的过程，更多的是一个能动的、主动的、多方面的过程。但在现有的研究中，大多的研究主要以结果为导向，或者以某几个影响学生学校适应的因素为主要研究内容，并没有将学生放在发展的生态链之中。实际上，学校适应应该将学校的氛围、学生的特质情况、学校适应结果与外界的、内在的各项影响因素，以及这些因素与学生的学校适

① 邹泓. 同伴接纳、友谊与学校适应的研究［J］. 心理发展与教育，1997（03）.

② 张克文，李占江，邱炳武. 学校生活适应量表的修订报告［J］. 健康心理学杂志，2002（04）.

③ 刘杰，孟会敏. 关于布郎芬布伦纳发展心理学生态系统理论［J］. 中国健康心理学杂志，2009，17（02）.

应如何进行互相作用等，放在生态结构之中进行系统的构建与研究，从生态发展的观点出发，方能真正有助于学生的学校适应①。

第二节　大学生学校适应的研究方法

一、问卷调查法

（一）问卷调查法概述

1882年，英国学者高尔顿在伦敦开设了人类学测验实验室，在其进行实验的过程中，受时空等限制，参与对象并不能到达现场，因此他把实验中需要提出的问题进行印刷，邮寄出去，由参与人员填写后再邮寄回来。这种收集资料的方法快捷省力，在研究领域迅速传播。随着时代的不断进步，统计方法、测量指标的建立与完善，问卷法在收集整理上更加快捷、科学，也更为广泛地运用于研究之中。②关于问卷调查法概念的观点，学者们并不完全一致。如龙立荣③认为问卷法是研究者使用统一、严谨的问卷来系统地收集与研究目标相关的心理特征和行为数据资料，以揭示心理学规律的方法。周国韬④教授进一步解释了问卷法的实施方式，他认为问卷法是将需要调查的内容以问题的形式呈现，将这些问题精心设计并整合成一份问卷。随后，研究者将这份问卷分发给调查对象，并要求他们根据自己的经验和感受来回答。通过这种方式，研究者可以收集到大量的研究材料，进而揭示心理学中的各种规律。《辞海》中对问卷调查的释义是，为进行调查研究而设计的问题表格。将调查目的和要求，具体化为一系列有机联系的问题和可测量指标。按资料收集方式不同，问卷分为自填问卷和访问问卷。

---

① 高丽，于冬. 中小学生学校适应研究：现状思考与展望［J］. 东北师大学报（哲学社会科学版），2010（02）.
② 郑晶晶. 问卷调查法研究综述［J］. 理论观察，2014（10）.
③ 龙立荣. 心理学问卷调查中常见的几类问题分析［J］. 教育研究与实验，1994（04）.
④ 周国韬. 问卷调查法刍议［J］. 心理发展与教育，1990（01）.

问卷调查法广泛运用于教育研究，同时在实证研究领域也是最常用的[1]。它能够帮助研究者最快最迅速地获得大量真实的数据资料，为科学研究从微观走向宏观、从定性走向定量、从思辨走向实证，提供了一条可行的途径，为解决问题和改变现状提供一定的依据。问卷调查法有很好的间接性与匿名性，被调查对象在完成问卷时，可以完全按照自己的主观想法，不受外界干扰，进行单独填写，这样被调查对象能够更加真实地表达自己的想法，避免了来自研究者的干扰、加工、判断、期待等效应，能够帮助研究者了解真实的社会现象。除此之外，这种方法能够快速大量地采集样本。更为重要的是，问卷调查法分析出的结果更为客观、真实、系统、科学化，能够使研究结果准确，问卷法数据经过了规范的编码与清洗后，大大增加了研究结果的可信度和真实度。[2][3]

（二）大学生学校适应主要问卷介绍

1. 大学生适应性水平问卷（CARS），该问卷由Zitow于1984年编制，是最早的测量大学生适应性测量研究工具，主要用于研究大学生面临大学生活中的压力事件时的主观评估，对大学生学习压力事件的评估是该问卷测量的重点。[4]

2. 大学生反应与适应性（TRAC）问卷，该问卷由Simon等人编制，它从大学生学习行为、生活信念、情绪情感等维度测量大学生学校适应情况，其重点在于测量大学生的学习适应性问题，即害怕失败、考试焦虑、考试准备、注意质量、同伴帮助、求助教师、学习优先、有效的学习方法和学习容易度。[5]

3. 中国大学生适应量表（CCSAS），该问卷由方晓义等人编制，包括学习适应、身心适应、人际适应、就业适应、校园生活适应等5个维度，共

[1] 陶永明. 问卷调查法应用中的注意事项［J］. 中国城市经济，2011（09）.

[2] 刘德磊，武晓静. 问卷调查法的创新探索［J］. 创新创业理论研究与实践，2018.

[3] 牛晓军. 基于汉中特色地域文化的酒店设计方案比较研究［D］. 西安理工大学，2017.

[4] Zitow D. The College Adjustment Rating Scale［J］. Journal of College Student Personnel，1984，25（4）：160-164.

[5] Simon L，Roland R. Test of reaction and adaptation in college（TRAC）：a new measure of learning propensity for college students［J］. Journal of Educational Psychology，1995（2）：293-306.

27个条目。5个维度和总量表的内部一致性系数（α）分别是：学习适应为0.82、身心适应为0.74、人际关系适应为0.81、就业适应为0.74、校园生活适应为0.67、总量表为0.93，一致性较好，表明问卷具有良好的信度，量表结构效度良好。①

4.《大学新生学校适应自评量表》由陈君等人采用访谈、开放式问卷调查和问卷测查等方法编制，主要运用于大学新生学校适应的研究。该问卷将学校适应分为4个维度，即生活环境适应、学习适应、人际交往适应和情绪状态，共45个项目。其中，生活环境适应包括学习生活环境和生活质量；学习适应分为学习方法、学习态度和教学方法的适应；人际交往适应分为同学关系、师生关系和交往技巧；情绪状态则分为孤独感、焦虑感和失望感。分量表的信度系数分别为：生活环境适应（0.7323）、交往适应（0.7975）、学习适应（0.7827）、情绪状态（0.7273）；总量表的克隆巴赫系数为：0.9059，该量表有良好的信度，内容效度、结构效度良好。②

二、访谈法

（一）访谈法概述

访谈是一种通过研究者与被研究者进行口头交谈获取第一手资料的方法③，它是指研究人员通过与研究对象进行面对面的交流，以了解他们的想法、态度、情感和行为等。访谈法在心理学、社会学、人类学等许多领域被广泛使用。周三红通过对湖南师范大学、湖南大学、中南大学的优秀硕士论文进行文本分析发现，访谈法在所抽取的264篇论文中的使用频率在所有研究方法中排名第三。研究发现，从2006年至2009年，使用访谈法收集资料的论文比例逐年上升。具体而言，2006年、2007年、2008年和2009年分别有10.20%、14.02%、28.07%和49.02%的论文使用了访谈法。由此可见，

① 方晓义，沃建中，蔺秀云.《中国大学生适应量表》的编制［J］. 心理与行为研究，2005.
② 陈君.《大学新生学校适应自评量表》的编制及信度和效度检验［J］. 咸宁学院学报，2006.
③ 田学红. 教育科学研究方法指导［M］. 杭州：浙江大学出版社，2006.

从2007年开始，访谈法的使用频率逐年上升，访谈法越来越受到研究者们的重视。①

通过研究访谈法的国内外学术关注度趋势可以知悉，访谈法是国内外常用的研究方法，国内对访谈法的使用相较于国外较少，但这种方法的使用频率在大大增加，呈现逐年增长的趋势，到2022年已经非常接近国外水平。访谈法的分类：（1）根据访谈的正式程度，访谈可以分为正式访谈和非正式访谈；（2）根据是否进行面对面的交流，可以将访谈分为直接访谈和间接访谈；（3）根据被访者的特点，可以将访谈分为一般访谈和特殊访谈。②

访谈法按照以下几个步骤展开：一是选择访谈对象、编制访谈问题、制订访谈计划；二是联系访谈对象、经过初步接触并获准访谈；三是正式访谈，包括提问、记录、接引并追问；四是结束访谈，进行访谈资料的整理、总结、分析③。

访谈法在教育研究的应用中，存在着独特优势，如能够获得被访谈对象更为深入细致的资料；一对一的访谈让获得的资料信息更为可靠；对于被访谈对象没有过多的要求，适用范围更加广泛等。虽然访谈法成为教育研究的重要方法，但其仍然存在缺点，如一对一的访谈更加消耗人力、物力和财力；访谈结果更加容易受到主客观环境和访谈人员能力素质等各方面的影响；结果较为凌乱，没有具体的整理标准，分析整理较为困难，且受被访者主观性影响较强。因此，访谈法在教育研究中主要与其他研究方法配合使用。

（二）大学生学校适应研究中访谈法的运用

张玲玲用深度访谈的方式对12名大学生的学习适应性现状和遇到的障碍展开研究，其访谈对象为西藏高校大学生，访谈内容涉及学习动机和学习目标、教学模式、学习态度、学习方法、环境因素、家长对自己学习投

① 周三红. 高等教育专业的硕士学位论文研究方法的调查与思考：以湖南师范大学、湖南大学、中南大学为例［D］. 湖南师范大学，2010.

② 庄欠凤. 访谈法在教育研究中的应用分析［J］. 现代商贸工业，2023，44（02）.

③ 田学红. 教育科学研究方法指导［M］. 杭州：浙江大学出版社，2006.

入支持情况6个方面。

梁虹采用动机访谈法（一种当来访者个体认识不到需要改变，但他客观上不得不改变的矛盾状态时，通过帮助个体产生动机、增加内在的动机，最终通过内在动机促进及其自助式行为改变的对话方法），以高校新生为研究对象进行实践研究。[①]相较于日常生活中常用的访谈法，这种方法更多的是一种互动式研究方法，更侧重于干预，它能够引发出来访者做出改变的动机与决策，使得访谈产生更持久的效果。在该研究中，梁虹把自己置于一个心理咨询师协助者的位置上，带着同理心，认真倾听、尊重来访者的生命故事，积极运用心理咨询干预的方式方法，帮助大学新生探索内心的矛盾，最终帮助其激发内心的潜能，解决适应问题。其访谈包括心理导入过程、聚焦过程、唤出过程、计划过程等5个阶段。[②]

针对一些对象，访谈法以其独特的优势，能够更加深入地发掘出问题，找出研究痛点，取得更为有效的研究结果。如李泰以学校适应为主题，调查了吉林市D高校的12名朝鲜族大学生，主要围绕学习适应、人际关系适应、生活适应、自我评价等方面进行。这12名学生中，包括3名大一学生、3名大二学生、4名大三学生和2名大四学生，其中8名来自延边朝鲜族自治州，4名来自长春市。通过深度访谈，发现9名同学都有较为严重的新生入校适应不良，语言环境不适应和饮食习惯差异等主要问题。在学校教育中的一些促进学生学校适应的策略可能是导致学生适应不良的因素。如在访谈中发现，为减少朝鲜族大学生被特殊对待的感受，促进他们与汉族同学相融合，研究对象所在学校的朝鲜族大学生被随机安排到各寝室当中。由于生活方式、人生经历等种种差异，这些学生很难一下子融入寝室环境，甚至不得不独来独往，与寝室环境分离。[③]

在一些特殊群体的研究上，采用访谈法是更科学合理的选择。如刘琼瑞等采用小组访谈法，与赴台湾省交换的4名聋人大学生进行访谈，访谈采

---

① ［美］威廉姆·米勒，［英］斯蒂芬·若尼克. 动机式访谈法：帮助人们改变［M］. 郭道寰，王韶宇，江嘉伟，译. 上海：华东理工大学出版社，2013.

② 梁虹. 动机式访谈法介入高校新生心理约谈个案实践研究［J］. 山西青年，2023.

③ 李泰. 朝鲜族大学生学校适应的问题研究：以吉林市D高校为例［J］. 现代交际，2016.

用相同专业编组的方式进行，共开展了4次正式访谈。该研究的访谈旨在探究聋人大学生在台湾求学期间，从学习、人际关系和身心三个方面对学校适应情况的影响。其中，学习适应涵盖了课程安排、教学内容、教学方式以及教学评价这四个维度；人际关系适应则分为师生互动与同伴交流两大方向；而身心适应主要关注的是聋人在适应过程中产生的心理情绪感受。聋生在融合的班级环境中表现出强烈的孤独感。他们与健听教师和同伴的交往存在诸多障碍。①

三、干预研究

（一）干预研究法概述

干预研究，也被称为实验流行病学，是指根据研究目的，研究者人为地对研究对象施加干预措施，同时控制实验条件，如随机分组、设立合理的对照和采用盲法观察结果等，以探讨干预或治疗措施的真实效果。该研究方法起源于医学研究，以群体作为研究对象，而医院、学校等实地环境则作为"实验室"，进行实地实验研究。②③

在学科分布上，临床医学是干预研究的主要分布领域，占所有学科的45.53%，其次是教育理论与教育管理、预防医学与卫生学、心理学等领域。

根据具体设计不同，干预研究可以分为随机对照试验和类实验。随机对照试验是一种根据研究目的，采用随机分组将研究对象分配到试验组和对照组，然后接受相应的干预措施的研究。类实验研究是指在某些特殊情境下，研究不具备干预实验研究的基本特征时，采取的特殊的实验研究。④⑤

① 刘琼瑞，佘丽. 赴台交换聋人大学生学校适应状况研究［J］. 现代特殊教育，2019.
② 邱丹琪. 儒家文化对劳动力就业选择的影响［D］. 西南政法大学，2022.
③ 刘虹，姜柏生. 人文医学新论［M］. 南京：东南大学出版社，2020.
④ 蒋怀滨，张斌. 心理学研究方法［M］. 厦门：厦门大学出版社，2019.
⑤ 李峥，刘宇. 护理学研究方法第2版［M］. 北京：人民卫生出版社，2018.

（二）干预法在教育研究中的应用

调查结果显示，在学校适应研究中，较少采用干预的研究方法进行学校适应研究，可供查阅的相关文献也较少，国外最高年发文量为6篇，共发表35篇；国内最高时期年发文量4篇，共发表22篇。国内最早的与学校有关的干预研究是盖笑松等人发表的《儿童入学准备状态的理论模型与干预途径》[①]，第一个以学校适应为研究内容的干预研究是何郁蓉等于2012年发表的题为《流动儿童学校适应不良干预的个案研究》[②]的论文。

通过搜集整理现有文献发现，国内教育研究主要采取团体心理咨询与辅导、团体心理辅导、训练形式、行为矫正等干预方法进行。如苏雯和李建华等研究者采用团体咨询方法，对大学生进行了人际关系研究。经过一系列的干预措施，实验组大学生在SCL–90、SAD和SES量表上的各项得分出现了显著的变化，与前测相比有着显著的差异。相对而言，对照组的大学生在这段时间内并没有出现明显的变化。这一结果表明，团体咨询的训练方法对于改善大学生的人际关系有着积极的作用。此外，部分参与训练的成员在人际交往行为方面也有了明显的改进。他们能够更加自信地与他人交流，改善之前存在的沟通障碍。这一发现进一步证实了团体咨询训练的有效性，并为未来的研究提供了有价值的参考[③]。

特定理论下的干预方式研究：如张玲玲采用格式塔心理学理论作为理论基础，提出团体心理辅导可以提升大学生的学校适应能力这一论断[④]。她选择了江苏省某大学20名大一新生作为研究对象，为了确保研究的准确性和可靠性，制订了详细的纳入标准，如研究对象SCL–90和UPI测试结果均在正常范围内，无明显心理问题；他们所修的基础课程相同，都面临着同样的学业应激源；他们自愿参加研究，并有明确的动机提升自己的适应能力；他们承诺全程参与研究，并接受前测、后测和追踪测量。研究发现，

① 盖笑松，张向葵. 儿童入学准备状态的理论模型与干预途径［J］. 心理科学进展，2005.

② 何郁蓉，谭千保. 流动儿童学校适应不良干预的个案研究［J］. 当代教育理论与实践，2012.

③ 苏雯，李建华，张智，李辉，刘春燕，吴永波，周永红. 云南大学生心理健康的团体咨询实验［J］. 中国心理卫生杂志，2003.

④ 张玲玲. 格式塔团体心理辅导对大学生学校适应的影响［J］. 医学与社会，2020.

通过格式塔团体心理辅导，学生们获得了自我负责的体验，这种自我意识的提升促进了学生学习动力的提升。在格式塔技术中，以支持、关系、接触风格为核心的干预措施促进了大学生人际关系的改善。此外，格式塔对于学生自主意识的培养、自我内外部区分、自我感受的感知等方面的重视，提高了大学生学校适应的整体水平。值得一提的是，格式塔咨询与治疗技术被广泛应用于心理咨询和治疗领域。Joyce P. 所著的《格式塔咨询与治疗技术（第三版）》一书为该领域研究提供了重要理论和实践指导。[①]

特殊人群的干预研究：如勾柏频对特殊儿童学校适应不良问题行为的矫正干预研究。其以特殊教育学校七年级学生为研究对象，对不适应学校课堂学习生活、课堂频繁离座等行为进行干预。研究方法：对家长和班主任进行访谈，收集研究对象基本信息和日常表现，确定强化物；在自然教学情境中进行行为功能评估；选择由同一教师担任的数学课、生物课，采用 A—B 跨情境实验设计进行干预。干预过程：方案设计—课堂离座行为功能分析—实验处理—离座行为频数数据分析—干预后追踪评估。将可变比例强化、代币制和行为契约等多种技术综合运用，能够改善学生课堂离座行为，有着积极的干预效果。[②]

通过上述研究，可以发现在心理干预训练中，想要取得好的效果，应该注意团体方案的设计、矫正方案的设计合理性等因素，在干预过程中，引导者的引导艺术、实验实施者对技术的合理运用等因素也是影响干预效果的重要因素，笔者总结如下：

①在团体活动中，结合个别咨询的方式，为特定成员提供额外的支持和指导。

②根据学习目标和实际情况，安排组织团辅对象走出教室到社会中进行实地训练。

③团辅的家庭作业和汇报建议以多种形式进行。

④避免传递负面信息，更多地采用积极方式来引导学生，通过赞扬、

① Joyce P. 格式塔咨询与治疗技术：第三版. 叶红萍，译. 北京：中国轻工业出版社，2016.
② 勾柏频，李镇译，黄倩. 聋生课堂离座行为的单一被试矫正研究［J］. 绥化学院学报，2018.

鼓励、奖励等方式来强化成员的积极行为，激发成员的学习和参与热情。尽量不要对参与者做出的消极反馈，如忽视、斥责、否定、质疑等。

⑤需要结合多种策略和技术来强化干预效果。在实际操作中可以将环境重建、行为疗法和认知行为疗法等多种策略运用在矫正过程中，帮助学生建立正确的行为模式，降低他们的不良行为发生的概率。

四、纵向研究法

（一）追踪研究法概述

追踪研究法，也称纵向研究法，指的是对同一组对象在多个不同的时间点上进行调查，收集资料，然后通过对前后几次调查所得资料进行统计分析来探索社会现象随时间变化而发生的变化及不同现象之间因果关系的一种研究方式。①也有学者将追踪研究定义为一种通过引入时滞，以探索变量动态变化趋势和变量之间相互关系的调查研究方法。多用于医学领域以追踪病人病情变化，或者用于教育领域以追踪青少年成长过程中心理或行为的变化。②国内最早采用追踪研究法的是朱志明，他通过对100名90岁以上老人进行追踪，来探讨人类高龄期存活变化规律及影响因素。③

追踪研究可以获得事件的纵向发展数据，即随着时间的推移，观察研究对象的状况是如何变化的，这种研究现象的变迁过程能用来探讨和分析某一特定的社会现象或社会事件对人们社会生活的长期影响，还可以提高资料的可信程度，减少某些类型的偏倚，例如回忆偏倚和应答偏倚。除此之外，解释因果关系、验证假设、预测趋势等优点都使得这种方法所获得的资料具有更加广泛、长期的应用价值。④有研究者对横断研究与纵向研究的研究结果进行了研究质量的质性对比，结果发现追踪研究法得出的研究

① 风笑天. 追踪研究：方法论意义及其实施［J］. 华中师范大学学报（人文社会科学版），2006.

② 胥彦，李超平. 追踪研究在组织行为学中的应用［J］. 心理科学进展，2019.

③ 朱志明，邹宪，欧琼等. 100名长寿老人十年纵向研究［J］. 中华医学杂志，1992.

④ 风笑天. 论社会调查方法面临的挑战［M］. 北京：社会科学文献出版社，2000.

结果准确性更高。

追踪研究主要有以下四个方面的特征：测量次数不少于3次；重复测量所有相关变量；强调变量的动态变化；有助于确定变量先后顺序。根据测量时间间隔的长短，可以将追踪研究分为以下四类：（1）短时间间隔追踪研究设计。追踪研究中的一种特殊形式，间隔一般小于1周。（2）时间间隔适中的追踪研究设计。追踪研究中最常用的形式，间隔一般大于1周且小于1年。（3）长时间间隔的追踪研究设计。实施难度较大，间隔一般至少1年。（4）混合型时间间隔的追踪研究设计。在同一个追踪研究中，包含着不同时间间隔形式的设计。胥彦等通过整理使用追踪研究的资料，将追踪研究的实施环节进行归纳总结，认为实施追踪研究应该主要包括以下5个关键环节。[1]

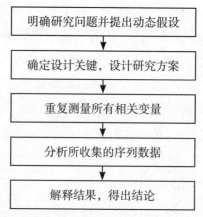

（二）追踪研究法在教育研究中的运用

通过对追踪研究学术关注度的统计结果可以了解到，追踪研究作为一种科学的研究方法，较为广泛地运用于科学研究之中，近些年一直是热点，从国内外关注度的对比可以看出，国外的关注度高于国内。下面将对国内教育研究中运用追踪法的情况进行梳理。

张光珍等为了解学校氛围与青少年学校适应的长期预测关系，采用自评与教师评价相结合的方式，对709名青少年进行了为期三年的长期追踪研

---

① 胥彦，李超平．追踪研究在组织行为学中的应用［J］．心理科学进展，2019.

究。研究程序：发放知情同意书；培训主试，协调安排测试；对同意参加的被试青少年进行施测；赠送礼品；每年一次测试，共进行三次，每次时间约为50分钟。通过追踪研究，他们发现随着学生入校时间的增加，保护因子（同学支持、自主机会）对学校适应产生负向作用；教师对学生的支持随着入校时间的增加呈现线性或非线性的增长趋势；青少年感知学校氛围对青少年的学校适应各维度存在显著的时间效应。第一年感知到的学校氛围能预测其第二、三年的适应问题和适应能力，第二年感知到的学校氛围能预测其第三年的适应能力和学业成绩。[①]

覃凤蓉选取湖南省827名初高中生进行为期一年多的追踪，采用特拉华欺负受害量表（学生卷）、大五人格问卷神经质分量表，对中学生所感知的校园氛围对学校适应的影响以及其动态变化学校适应进行研究。采样方式方法：每次时间间隔6个月，共施测三次。数据处理方式方法：在处理数据前，采用共同方法偏差对三次采集的数据进行Harman单因素检验，检验量表工具是否存在影响研究结果的共同方法偏差现象；采用描述性统计对各心理特征进行分析；使用重复测量方差分析对三次采集的数据进行分析，研究随时间变化，心理特质变化趋势的分析；采用回归分析的方式进行预测性分析。通过追踪发现学校适应中学生学业成绩的时间主效应显著，呈显著的非线性下降趋势；欺负受害的时间主效应显著，呈显著的线性下降趋势；中学生感知的校园氛围各维度对学校适应各指标的延时预测不稳定。

谢嘉采用短期纵向追踪设计（共3个时间点，各间隔3个月），以广州市581名中学生为研究对象，对青少年学校氛围与问题性网络使用之间的关系进行研究，使用结构方程模型进行数据分析。[②]

总之，在教育领域，采用追踪研究方法的研究较少。现有的追踪研究存在以下问题：

① 张光珍，梁宗保，邓慧华，陆祖宏. 学校氛围与青少年学校适应：一项追踪研究［J］. 心理发展与教育，2014.

② 谢嘉，蒋锁，窦凯. 学校氛围对青少年问题性网络使用的影响：一项短期纵向追踪研究［A］. 中国心理学会第二十四届全国心理学学术会议摘要集［C］. 中国心理学会，2022.

（1）部分追踪研究未完全遵循追踪研究的规范。例如，有些研究在不同时期对具有相同特征的人群进行调查，这可能导致数据不准确或有偏差。

（2）数据分析方法相对单一。在大多数教育研究中，主要采用重复测量方差分析、多元方差分析等传统方法。相比之下，基于多层分析技术的增长模型方法和基于结构方程模型的潜变量增长曲线模型方法的应用较少，这可能会限制研究的深度和广度。

（3）追踪对象的损耗在一定程度上影响了研究结果的准确性。长时间的跟踪和观察，可能导致部分追踪对象因各种原因流失，从而产生偏差和误差，最终对研究结果产生影响。

第三章　大学生学校适应的研究成果概述

第一节　大学生现状

一、在校生学校适应的总体现状

学校适应是一个涉及诸多层面的问题，近期的研究表明，我国学生的学校适应情况处于中等水平，即总体上属于学校适应不良的状态，这意味着大部分学生在学校生活中并没有达到良好的状态。这一问题引起笔者的注意，如果一个学生基本的需要都没有得到满足，无法很好地适应在校的学习、生活，又怎能谋求更好的发展？

通过对教育领域，特别是学生群体相关情况的深入研究，笔者发现，学校适应是一个复杂的、动态的过程，并不仅仅是一个简单的"好"或"坏"的问题。在不同学龄段表现趋势呈现出倒U形，即学校适应情况于刚入校时最差，随着年级的增长逐渐缓和，到即将结束该学龄段时，又会出现新的适应问题。大体上遵循这样的规律：刚入校的学生，由于面对新环境、新同学、新学习内容存在种种困难，他们往往处于情绪比较动荡的阶段。但随着时间的推移、年级的增长，学生们逐渐熟悉了环境，结交了朋友，学习上也逐渐得心应手，适应情况相应地有所改善。然而，进入该学龄段的后期，又会出现新的适应问题。

如果说上述结果还不足以引起我们的警醒，那下面这个结果应该能够引起大家的关注。研究发现，学生在学校适应不同维度上存在较大的差异，即使是在同一年级或学龄段，他们的问题也可能不尽相同①②。这说明了两个问题，第一，学校适应问题并不是简单的不习惯学习或者生活，它在不同的方面影响作用不一。例如，有的学生在学习上表现出色，但处理人际关系却非常吃力；有的学生在校园生活中如鱼得水，但在应付考试时却伤透脑筋。这一点让我对学生的学校适应有了新的认知，不是说成绩好就是适应，也不是看起来活泼开朗的学生就不需要关注，我们对于学生的学校适应问题，需要有一个全面、细致的了解，不能仅凭一两个方面的情况就妄下结论。第二，在同一学龄段的学生中，适应情况的差异也是很大的。有的学生能够很好地处理各种生活、学习、人际问题，而有的学生则在某些方面遇到这个年龄段大多数学生都不会遇到的问题，还有的学生正面临大多数学生遇到的问题。这种差异性让笔者看到，学校适应是一个复杂且多维度的问题，受到学生个人特点、家庭背景、学校环境、社会因素等多方面的影响。

在学生的学校生活中，教师扮演什么角色呢？施曼曼③通过对800余名高中生学校适应进行调研发现，高中生的学校适应总均分为3.58分，处于中等水平。学校适应各维度中，表现最好的是师生关系冲突，这说明教师带给学生的不良感受少。这一结果好像说明了教师在学校适应中起到了某种人际保护的作用。那是否说明在学校适应中，教师是一个人际保护因子呢？但是现实情况却并非如此。进一步的研究表明，师生关系亲密适应的分数是所有维度中最低的，这表明在学校情境中，学生与教师之间存在着一种明显的距离感，许多学生认为自己和教师是两个群体，互相不干涉。该结果凸显了学校适应中师生关系看似和谐，实际疏远的现实情况。该研究认为，在生活和心灵的成长方面，教师的关注和引导相对较少。实际上，教师作为学生成长的引路人，不仅要关注学生的学业发展，更要在心灵成长和生活方面给予他们更多的关心和指导。只有这样，我们才能真正促进学生的全面发展。

---

① 张丽丽. 初一新生学校生活适应性现状与管理对策研究［D］. 天津师范大学，2016.
② 包文婷. 大学新生学校适应及其影响因素的调查研究与教育启示［D］. 湖南科技大学，2012.
③ 施曼曼. 高中生寄宿状况对学校适应的影响：心理韧性的调节作用［D］. 华中师范大学，2016.

二、大学生学校适应现状

学校适应是一个复杂的概念，不能单纯用某方面适不适应来进行内容的界定，它包括了学业、身心、人际以及校园生活等各方面的适应[①]。现有研究表明，我国大学生学校适应能力总体上处于中等水平，不同类型大学生适应情况差异较大，在适应的各方面也存在着较大的差异。

现有研究认为，目前大学生学校适应处于中等水平，存在多方面的适应不良问题。如李晓东[②]等人通过《中国大学生适应量表》，对安徽省3340名大学生进行调查研究发现，绝大多数的大学生存在较为严重的学校适应不良情况，大学生的整体适应情况较差。

具体而言，大学生群体在情绪适应维度上表现尚可，在人际适应、学习适应、校园适应、职业适应以及自我适应等其他维度上都存在着较大的适应困难。在不同群体学校适应状况比较中发现，男生整体适应状况不如女生，但在适应情绪和学校自我适应方面稍好。其研究也证明了大学生适应状况，在时间维度上存在着倒U形的趋势，也就是说低年级学生的适应状况较差，随着年级的升高，学校适应状况有所改善，但是到了大四这一人生转折期，随着新的任务——进入社会的产生，又会产生新的适应不良。周小单[③]将定性研究与定量研究相结合，对广西壮族自治区6所本科院校进行样本研究，并与学生进行深入访谈，研究结果表明广西壮族自治区大学生学校适应得分主要集中在2.5~3.5之间，总体水平一般，其中大学生的情绪调节能力最好，能够较好地适应环境带来的情绪变化，进行自我情绪的调控，最差的是对学校的满意度，总均值低于3分。崔佳慧[④]通过整理现有资料，指出目前大学生存在较多的学校适应问题，在学习方法、学习内容、学习体制等方面，大学的学习与以往都存在较大的差异，大多数大学

① 邹小勤. 我国大学生学校适应研究［D］. 厦门大学. 2013.
② 李晓东，黄冉冉. 大学生学校适应现状调查研究［J］. 内江师范学院学报，2012.
③ 周小单. 大学生学校适应的实证研究——基于广西部分高校的抽样调查［J］. 吉林省教育学院学报，2018.
④ 崔佳慧. 大学生在学校适应中存在的问题及对策［J］. 学周刊，2023.

生都存在这样或那样的适应问题。除此之外，生活环境的适应不良也是大学生目前适应不良的重要内容，包括在自我财务的管理、独立生活等方面均存在一定不足。由于对职业相关知识的教育和培训的缺乏，目前大学生无法正确应对职业选择是大学生适应的重点问题。

随着研究的不断深入，在研究领域的不断细分下，研究发现不同类型大学生学校适应之间也存在差异。张艳敏[1]等人对有留守经历的大学生进行学校适应研究发现，有留守经历的大学生学校适应处于相对较低水平，平均得分为（192.81）分，有留守经历的大学生学习适应、校园生活适应、择业适应、情绪适应、自我适应、满意度得分均低于没有留守经历的大学生（t值分别为−1.949，−2.612，−2.817，−2.703，−2.634，−4.116，P值均<0.01），该结果证明童年期的留守经历会对个体未来的学校适应产生消极影响。除此之外，学生干部经历能够在一定程度上缓解留守经历带给大学生学校适应的不良影响，研究结果表明有留守经历的学生干部在总适应得分以及各维度得分均高于有留守经历的非学生干部。研究认为学生干部工作对于个体是一种很好的锻炼，加强个体的与人交往、组织协调能力，更能增强个体的信心、勇气。王欣然[2]对退伍返校大学生展开适应性研究发现，退伍返校大学生在身心状态、学业适应、环境认同和人际交往这四个方面都存在着不同的适应问题，相较于其他大学生，他们在学业和人际方面有更多的焦虑情绪和孤独情绪；在学习上存在难以适应的现象，主要表现在学习态度难以端正、学习效率下降和教育模式难以适应等问题上。同时，不同学习生活环境的转变让他们产生文化冲突感和角色转变等适应问题。访谈结果显示，有些退伍返校大学生会因为自己不理解、不愿意等原因选择漠视学校环境，甚至有的退役返校大学生会拒绝融入当下校园环境。两年军营生活无疑会使得他们与班级同学之间产生一定的思想距离，因此需要在角色转变、展现自我平台和职业生涯规划辅导方面为他们提供

① 张艳敏，胡成洋，李凤丽，华小果，姜雯，张秀军. 合肥市留守经历大学生学校适应现状分析［J］. 中国学校卫生，2018.

② 王欣然. 退伍返校大学生学校适应现状及影响因素分析——以S大学为例［D］. 上海师范大学，2020.

帮助[①]。徐子淇[②]以《聋人大学生学校适应量表》为研究工具，对聋人大学生学校适应展开调查，其研究结果显示，聋人大学生学校适应的均分高于理论中值3分（t=15.36，p<0.001），即聋人大学生的学校适应总体处在中等偏上水平。而女生的学校适应表现明显好于男生，尤其是情绪适应能力达到极其显著的水平，这与非聋生群体的结果是相反的。聋人大学生的专业适应相较于普通学生，受客观因素的影响更大。访谈发现，专业选择受限是聋人大学生专业适应面临的首要难题，可供他们选择的专业学科非常有限，"单考单招"的主要还是计算机、绘画等专业，为了读书，许多聋生不得不选择自己并不喜欢或者不擅长的专业。

值得一提的是，我们通常认为，家庭经济贫困容易导致学生自卑、无法较好开展社交活动等，从而影响大学生的学校适应。但经过查阅现有文献发现，经济因素不是影响大学生学校适应的直接因素。研究发现，贫困大学生的学校适应与非贫困大学生不存在显著差异，但是经济困难会通过其他方式消极影响个体的学校适应。如孟星星[③]的研究发现，家庭经济困难的大学生与非贫困大学生，他们之间的学校适应水平并不存在显著差异，二者是较为接近的，经济困难只是个体的客观现实，并不直接影响大学生的学校适应状况，但是经济困难却可以通过影响个体的应对方式，以及归因风格，对学校适应产生影响。徐珊珊[④]通过对贫困大学生开展学校适应现状调查，贫困大学生学校适应状况处于中等偏上水平，能够较好地适应大学生活，但是，贫困大学生的学校适应存在一定的消极方面。研究表明，贫困大学生虽然具备自我、择业、情绪、人际等方面的调适能力，但主观的满意程度，是所有维度中最低的。

① 石占魁，梁爽. 退伍大学生成长及发展研究——以上海理工大学为例［J］. 改革与开放，2018.

② 徐子淇. 聋人大学生歧视知觉、心理弹性与学校适应的现状及关系研究［D］. 淮北师范大学，2021.

③ 孟星星. 贫困大学生学校适应现状及其伦理提升路径［D］. 安徽大学，2021.

④ 徐珊珊. 贫困大学生心理资本对学校适应的影响：自我和谐的中介效应［J］. 嘉应学院学报，2021.

第二节　大学生学校适应的影响因素

在影响因素上，现有研究表明，人格、个性、心理韧性等个体内在因素，成长环境、家庭教育等外在因素都是影响学生学校适应的重要因素。唐素芳[1]等人选取青岛市心理门诊就诊的青少年学校适应障碍患者为研究对象，深入探讨了青少年的人格与学校适应障碍之间的关系，纪莉莉[2]等人的研究也讨论了上述问题。这两篇文章为我们了解学校适应障碍的原因提供了重要资料，提示我们应关注青少年的人格发展，以预防和解决学校适应障碍问题。此外，多项研究均证实了自尊、学业自我效能感和职业成熟度等个体个性因素能显著提高学生的学校适应性。这些个性特质有助于学生在面临学校生活中的挑战时保持积极的态度，更好地应对和解决问题。张光珍[3]等人的纵向研究显示，初中生的心理弹性能够正向预测其在第二年的学校适应能力。该研究说明，具备对逆境的积极认知以及积极寻求并获得他人支持和帮助的能力的学生，更有可能在学校生活中应对不良情境，提高自己的适应水平。

除上述个体因素影响其学校适应外，家庭教育、感知、师生关系等外部因素也是重要影响因素。如Jayme Puff等人通过研究抑郁在家庭批评感知与大学生适应的关系中发现，家庭成长环境是影响学生学校适应的重要因素，当个体在家庭中感知到过多的批评时，他们更加不容易适应学校。除此之外，家庭教育对个体的抑郁特质有直接的影响作用，并通过抑郁特质加剧个体的适应问题。为验证这一结果，研究采用实验设计法，通过对大

---

① 唐素芳，曾波涛，王冠军. 青少年学校适应障碍患者的人格及家庭环境特征研究［J］. 医药卫生科技，2018.

② 纪莉莉，刘龙琳，赵俊峰，王梦梦，吴丽娜，Xiaoming Li. 自立人格、心理弹性在受艾滋病影响儿童校园受欺负和学校适应关系中的链式中介作用［J］. 中国临床心理学杂志，2020.

③ 张光珍，梁宗保，邓慧华，陆祖宏. 学校氛围与青少年学校适应：一项追踪研究［J］. 心理发展与教育，2014.

学生抑郁症患者进行积极干预，发现对抑郁症的积极治疗有效降低了这种抑郁对学校适应的消极作用，提升了大学生适应水平。

此外，师生关系也是影响学生学校适应的关键因素之一。良好的师生关系可以为学生提供安全感、归属感和支持，促进他们的学校适应。相反，紧张、不和谐的师生关系可能会导致学生产生焦虑、抵触和逃避等负面情绪，进而导致他们产生适应问题。熊红星等人的研究证实了这一观点，他们发现良好的师生关系通过提升留守儿童心理健康水平，促进其学习投入，从而影响儿童对学校的适应。研究认为，留守儿童缺乏及时的照顾和父母的关心，教师成为留守儿童核心功能发展的主要引导者，良好的师生关系使他们之间形成了积极的情感联结，促进了留守儿童积极适应学校。因此，教师关注学生的情感需求、倾听他们的声音、理解他们，建立互信、互动的师生关系有助于学生学校适应。

从现有的研究来看，学生学校适应的影响因素主要集中在个体内在因素和外部环境因素上，但学者们似乎忽视了学校这一因素，对于校园环境对学生学校适应的影响则探讨得更少，甚至说是忽视了学校层面对学生学校适应的影响[①]。众所周知，学校是学生学校适应的重要场所，也是重要的适应内容，同时，它也是影响个体学校适应的因素，例如师生关系、学生的校园人际关系、校园文化等因素都会极大影响学生各方面的发展。然而，目前对于这些学校层面影响因素的研究仍然较为有限，尤其是缺乏深入探讨它们与学生学校适应之间复杂的相互作用的研究。大部分研究仅关注单一层次的影响因素，而忽视了各因素之间的相互影响关系和作用机制。如国外研究关注了学生在校园里的负面经历（如校园受虐待经历）对其学校适应的影响，而国内目前仅有少量关于班级环境、师生关系对学校适应影响的文章，且其关注对象主要是中学生，并未涉及大学生群体。除此之外，在对大学生学校适应的影响机制方面，大部分的研究也仅仅注重单一层次影响因素对大学生学校适应的影响，而并没有深入探究影响因素间的复杂相互作用关系。这些都会导致我们

---

① 吴陈舒. 大一新生心理"适应—融入"问题探究［J］. 现代交际，2021.

无法全面了解学生学校适应问题的复杂性和动态性，也难以制订有效的干预措施和策略。

第三节　大学生学校适应实例

一、厌世大学生街头伤人

（一）事件回顾

1. 莘莘学子无故伤人

广州某大学大四学生黄某，携带刀具和面具，行至东莞某药店门口时，看到被害人蒋某路过，便戴上面具朝蒋某的左手砍了一刀。黄某继续前行至天福百货店门前路段，看到被害人黄某某在吃夜宵，于是持刀朝黄某某的臀部砍了一刀。黄某一路行走，连续砍伤5人，直到被赶来的民警制服并被抓获归案。

2. 放弃生命一心求死

黄某是一名大四学生，因实习不顺利而回家，回家后又与家人发生争执。这让他感到生活无望，想要自杀。于是他来到东莞寻找抢劫犯等犯罪分子，期望与他们进行殊死搏斗，这样也死得有点意义。然而，他在街头游逛多日，却始终未能遇到抢劫犯。"无奈"之下，他决定在街头随意砍伤几个人，以此激怒警察开枪将他击毙。

3. 冲动过后满心悔恨

"现在想起来就是无故伤害了别人，自己愚蠢做错了，不该把痛苦强加在别人身上，现在犯罪了，等待法律处理。"在庭审中，黄某表现得像一个乖巧的大学生，完全不像是一个持刀伤人的歹徒。他知道自己犯下了严重的错误，给其他人带来了痛苦和伤害，对此深感愧疚。"我不认识被我砍伤的5名男子，我没有生存下去的念头，我想砍伤几个人，然后等警察到场击毙我，"黄某说，"我对以后没打算，怎么处理也无所谓，枪毙都无所谓。"黄某的悔恨是对伤害他人的悔恨，但他毫无求生欲望。

4. 病与非病早有预警

黄某的父亲表示，黄某有睡不着觉的毛病，睡着了也非常警惕。有一次，他在儿子睡觉时轻轻摸了他一下，结果儿子马上用手打他。每次睡醒，黄某常常会说自己头痛。黄某父亲一直不认为那些表现有问题。现在回想，似乎儿子性格内向、孤僻，缺少朋友，喜欢玩一些恐怖和血腥的电脑游戏，似乎都不是好的现象。在案发前的一段时间，黄某每次回家都会向家人抱怨压力很大[①]。（新闻来源：人民网）

（二）犯罪心理分析

对黄某犯罪动机及动机产生的原因进行分析可以发现，适应不良二字伴随其犯罪前后。从案件始末以及黄某庭审的表现可以推测，他没有真正伤害他人或者破坏社会秩序的意愿，他犯罪是为了引起警察的注意，并且将其击毙。这种动机更多源于其内心的焦虑、对生活的放弃。这一动机不是一时的冲动，而是黄某在一系列学校、生活、家庭不适应的过程中产生的。首先是在实习工作岗位上与他人产生冲突，没有好的人际支持，最终无法正确调整而选择辞职。其次是在与家人的共同生活中，家人没有发现其心理状态不健康，没有给予必要的帮助，反而产生争执矛盾。在双重因素之下，他选择了辞职、离家出走，远离所有熟悉的人。由此可以推测，黄某犯罪苗头早有出现，他选择自我伤害，甚至不惜伤害他人。

除上述外部因素外，通过对黄某个人的个性心理特征分析可以发现，他的个性对其最终走上犯罪道路以及一心求死有着极其关键的影响。黄某的犯罪行为早就有了苗头，体现在他的人际关系、性格等各方面。他父亲说他生活中就比较孤僻、朋友很少、不喜欢与人交往，这种性格特点使他难以融入群体，也使得他更容易陷入自我封闭。心理学家经研究认为，人际支持是帮助个体应对困难的重要保护因子，这种自我封闭、孤独使黄某失去了朋友对他的帮助。除此之外，从行为习惯上看，他很喜欢血腥暴力的游戏，行为也比较粗暴，暴力的本质是一种扭曲的宣泄，它并没有帮助

---

① 邱瑞昕. 大学生抑郁厌世街头连砍5人以求被警察击毙. 人民网. http://edu.people.com.cn/n/2014/0515/c1053-25020661.html

个体真正正视和解决问题，很多时候反而可能使人养成依赖暴力解决问题的习惯。他长期失眠、容易惊醒，这都表明他的心理压力很大，心理不健康，处于比较危险的状态。最终，在极端的压力下，他为了满足自己自杀的愿望，选择无差别持续攻击伤害他人。

犯罪心理特征分析，从犯罪嫌疑人的自述和表现，以及家人朋友对其的评价来看，黄某在犯罪时处于情绪失控和混乱之中，有胡言乱语等行为。通过以上犯罪心理的案例分析，可以看出黄某的异常犯罪行为是有迹可循的，在前期学校生活中表现出了在学习上与人际交往上的不适应，但是学校老师和同学没有及时发现。实际上在家庭生活中也表现出来了，其父亲只认为是孩子比较内向，没有及时发现并给予引导。

二、消失的花季少女

（一）事件回顾

1. 痛心疾首的寻女妈妈

江西某大学一名女学生寻某，自学校离开后失踪多日。

"我是3月25日，从她同学口里知道孩子丢了的。"她妈妈于25日到学校了解情况，报警并调取周边监控，发现寻某在建春门附近（江边）活动轨迹消失，她留下一部手机和学生证。

我的小绵羊，我的宝贝，我的心肝，我的肉，妈
妈撕心裂肺的喊着你，你有没有听到？一分一
秒，妈妈备受着煎熬，漫漫长夜，妈妈无法入
睡，眯着眼睛是你，睁开眼睛也是你，坐着等着
天亮，天亮了站在窗前望着窗外，希望你突然出
现在我眼前，宝贝你快点回来吧！你是妈妈的骄
傲，你是妈妈的希望，看不到你妈妈怎么活？求
苍天啊菩萨保佑你能平安归来！🙏🙏🙏🙏🙏

3月29日，高校园区派出所民警回应称，他们目前仍在搜寻。

2．永远消失的花季少女

2023年3月30日凌晨，某大学微信公众号发布情况通报：2023年3月24日13时33分许，该校2021级学生寻某自行离校外出未归。校方立即组织人员进行寻找，但未找到。报警后，经警方调查取证，证实寻某于3月24日18时36分许跳河自杀。

情况通报

2023年3月24日13时33分许，我校2021级学生寻某自行离校外出未归。校方即组织人员进行寻找未果。报警后，经警方调查取证，证实寻某于3月24日18时36分许跳河自杀。目前，搜寻善后等相关工作正在进行。

██　学

2023年3月30日

（二）自杀行为分析

寻某母亲说："她说出去散散心，舍友、朋友都知道。"寻某选择出去散心，这表明她当时的心情处于低谷，急需通过散心来舒缓内心的压力和痛苦。告诉朋友和舍友，这种很可能是寻找支持和安慰的方式，暗示她希望得到他人的理解和关心。从这里可以看出她和舍友关系并不差，没有发生矛盾。但是最后她还是一个人出去了，这似乎可以推测出她与舍友之间的关系并不十分亲密。当然，也可能只是她认为这是一种单方面的告知义务，而不是寻求实质性的陪伴或支持。

寻某在遗言中写道："希望家里人都健健康康、平平安安的，不用因为我而难过，好好地生活下去，我太累了，就先走一步了。"这里可以看出她对家人是有着深厚情感的，她希望家人都能健康、平安，表明她是一个重视家庭的人，家庭对她来说有着极其重要的地位。但是"不要因我而难过"却透露出一种自我贬低的情绪，她把自己放在比较无足轻重的位置，她认为自己的离开不会给家人带来太大负担或痛苦。这种观念反映出她对自己在家庭中的价值和位置缺乏正确的认知，她认为自己在家庭中无足轻重，她认为自己并不值得被关心和重视，或者认为自己无法为家人带来真正的价值。这里可以看出，寻某无法很好地调适自己与家庭的关系，不能适应当前的家庭关系。

在寻某的遗言中，她明确表示："我的死是自杀，不关任何人的事，不想牵扯任何人，是我自己太脆弱了。"这句话透露出了她性格中的几个重要特征。首先，她是一个善良的人。她不希望自己的死亡给其他人带来任何困扰或麻烦。她宁愿选择自我消解，也不愿给他人带来一丝一毫的负担。这种善良的性格使她在面对困境时，总是优先考虑他人的感受，而忽视了自己的需要和情感。其次，"是我自己太脆弱了"可以推测寻某在遇到问题时，似乎倾向于自我反省和内省，有着自责、内耗的倾向。这种倾向可能是因为她在处理问题时过于关注自己的过错和不足，这也是导致其自杀的重要原因。最后，"没有勇气再活下去了，我承受不了生活带给我的痛苦"是导致她自杀的根本原因——无法适应当前的生活。这种无法适应生活的情况可能是由多方面的原因造成的，如人际关系问题、学习压力、家庭矛盾等等。这些因素可能相互交织，导致她的心理状态逐渐恶化，最终选择放弃生命。

三、被一篇"不完美论文"压垮的上进青年[①]

（一）事件回顾

在前一天给父母、导师、师兄以及好友拨打了近20通电话之后，黄学玲从楼顶坠落，他的生命永远定格在了24岁。

黄学玲，中南大学粉末冶金研究院材料工程专业2019级研究生。事发

---

① 李超. 楚天都市报. https://www.163.com/news/article/G90D5C4S0001899O.html

前三个小时，在学院三一大楼五楼走廊，黄学玲曾出现过两次，并几次往返于五楼和六楼。直到6时02分，室外监控中的一个黑影从空中坠落。警方勘查现场后，判定为高空坠楼（排除他杀）。

一个寒门学子经过勤学苦读一路走来，通过自己的拼搏和奋斗，成为一名985名校的研究生，毕业后留给他的，本应是创造无限可能。然而，还有一年就要毕业了，他却离开了这个世界，留给别人无尽的惋惜。

1. 安静的问候竟是永别的前兆

4月19日、20日，因为"论文出错"，日常平均每周才打一次电话的黄学玲和母亲相互拨打了12通电话。19日，在电话里，远在福建龙岩的母亲王义秀听儿子说，一篇已经发表的论文出错了。因为署了院长和导师等多人的名字，他担心最后连累到老师："严重的话可能没办法毕业。"

论文的事情，黄学玲之前就在电话里提过，但读书少的王义秀不是很懂。她只知道在电话里一个劲儿地安慰和开导儿子，让他多跟老师沟通，不要太在意论文，还提醒他要按时吃饭。挂了电话后，王义秀还不忘在微信上给儿子留言，叮嘱儿子拍吃饭的视频，发给她看看。

"爸爸，你在工地上干活累不累？你要多休息呀！"20日晚上9时38分，黄上海在电话里最后一次听见儿子黄学玲的声音。累不累的问题，儿子曾经问过他。只是这一次儿子的关心，有些吞吞吐吐，黄上海不免有些诧异。"你那边是不是有什么事？"黄上海问了一句。电话另一头的黄学玲说"没事"。

当母亲最后一次接到儿子的电话时，黄学玲则告诉她："论文的事情很严重，影响很大。"并嘱咐妈妈要把妹妹照顾好。挂断电话后，晚9时46分，黄学玲又联系了他的高中同学兼好朋友林一（化名）。作为他最好的朋友，林一一直都在关心他论文的情况。电话里，黄学玲告诉林一："我跟导师聊过了，没问题了，没事了。"这句话让林一放心了。

他们都没想到，第二天一早，黄学玲就与大家永别了。

2. 他人眼中的上进青年

从偏远农村走出来，考入南昌大学，最后又成为985名校材料工程专业的硕士研究生，一路走来，黄学玲一直在为胜利而努力奔跑。

在伯伯眼里，黄学玲在老家江西赣州鹅公村上学时就非常听话、懂事。即使后来父母到福建打工，他每天住校，在学习上也从来没有让父母和老师操过心。好朋友林一回忆，高中三年，黄学玲是班上公认的最勤奋的学生之一。"而且他太善良，什么事都不愿意麻烦别人，碰到问题都是自己扛着。"

进入南昌大学，黄学玲开始合理地安排自己的时间，还爱上了跑步。每天晚饭之后，跑步3到5公里，他喜欢用"咕咚"APP来记录跑步时间和距离。本科时期养成的跑步的习惯他一直坚持到了硕士阶段。

打开黄学玲微信朋友圈，相册封面是清新的蓝天白云的图片；头像是一位旅行者趴在无人公路中间，昵称为"徒步旅行"。他喜欢旅行。在南昌，他经常和朋友一起去滕王阁、秋水广场；寒暑假到福建龙岩爸妈的住处，他会坐一个小时动车去厦门转一圈，找找朋友；在长沙，橘子洲头等景点他已去过多次。他爱玩手机游戏，不过，因为自律，黄学玲只是在学习、实验疲劳之后短时间放松，并严格控制自己的游戏时间。

3. 不完美的论文

在学术界，能够发表一篇SCI论文，说明具有很高的学术水平。从2020年12月份开始，黄学玲就在导师李某的指导下准备这篇论文。直到2021年3月22日，论文被该杂志接收，黄学玲马上给好友林一打了个电话报喜。"论文被接收，意味着通过了期刊的审核，部分修改之后就可以发表了。"林一回忆，电话那一头的黄学玲非常开心，且惊喜。通过导师修改后，4月10日左右，黄学玲的论文正式发表。

黄学玲在电话里说的"论文出错"，就是他发表的这篇SCI论文。根据家属提供的论文单行本，这篇论文发表在了欧洲刊物《Scripta Materialia》（《材料快报》）中。《Scripta Materialia》是SCI收录期刊，在传统金属材料专业中，该杂志的影响力较大。

此时，黄学玲是开心的，但还是有一点担忧，"因为他发现发表的论文中，有配图导师没有修改到。"随后，黄学玲又陆陆续续发现了论文中的一些小问题。后面，他发现论文里的一个公式用错，就开始极度忧虑了。从4月16日起，林一开始频繁地接到黄学玲的电话，每次一聊就是一个多小时。

4. 压死骆驼的稻草

电话里，黄学玲说自己的论文短，问题多；还跟室友、实验室的同仁交流过相关问题；后来又担心消息扩散，一旦被举报，产生的最严重的后果可能就是判定他"学术不端"，让他无法毕业；最重要的是论文上面还署上了院长、导师等多人的名字，怕他们受牵连，黄学玲感到很自责。林一明显觉得他"有点慌"，说话的声音都是颤抖的。黄学玲很后悔发表了这篇论文："如果没有发这篇论文就好了，我就可以正常地做实验，正常地生活了。"

（二）自杀行为分析

在这个案例中，我们可以看到在多重因素的影响下，研究生无法适应学术生活导致了这出悲剧。首先，他成长过程中的社会支持系统显得单薄，既包括学术方面的支持，也包括心理上的社会支持。"学习上也从来没有让父母和老师操过心"。他的父母都是普通人，对他的学术方面的事情并不十分了解，因此无法提供有针对性的帮助。同时，他的室友也有自己的论文和工作要完成，无法给予他足够的支持。在这种情况下，当他在论文上遇到问题时，他感到孤立无援，无法摆脱困境。其次，黄学玲处理压力的方式也存在问题，"他太善良，什么事都不愿意麻烦别人，碰到问题都是自己扛着。"他不愿意给他人带来麻烦，过于善良和懂事，导致在遇到问题时更倾向于自己默默承受。这种处理压力的方式增加了他的心理负担，使得他独自面对各种压力。"最重要的是论文上面还署上了院长、导师等多人的名字，怕他们受牵连，黄学玲感到很自责。"从这里可以看出，黄学玲对自己的要求非常高，对学术成就抱有极高的期望。这使得他在面对可能出现的学术问题时，产生了强烈的自责情绪。他担心自己的错误会给导师和院长带来麻烦，这种过度的责任感使他无法接受任何失败。他对学业的过高期待和可能失败，是他最终选择离开这个世界的主要原因。总的来说，黄学玲的自杀行为是由多方面因素共同作用的结果。其中，对学习压力的错误认知、对家人和导师的心理负担，以及孤独无助的感觉都是核心的因素，由此可见，拥有良好的自我调适能力，适应学校是学校教育中应该重视的问题。

第四章　大学生学校适应问题的提出及研究方法

第一节　大学生学校适应问题的提出

一、问题提出

大学生学校适应不良不是突然产生的问题，而是产生已久的问题；不是某个地区、某个时代学生的问题，而是一个普遍的、大众的问题；不是简单倾吐就可以化解的小问题，而是需要高等教育机构、高校教师关注的科学的问题。"科学问题要用科学的态度来对待"，不能想当然认为大学生有哪里不适应，不适应会产生什么样的后果，然后用经验来解决它。而是要进行科学的、深入的研究，对大学生学校适应现状、影响因素进行严谨的研究，通过科学的研究方法对大学生学校适应形成机制进行深入研究，构建科学有效的大学生学校适应教育体系，对症下药。大学生学校适应教育体系的构建不仅有利于大学生群体顺利度过大学阶段，成长为国家、社会所需人才，也有利于高等学校适应教育的发展，同时，也是当下十分必要的。

现有研究表明，学校适应对学生的学习有着重要的积极影响作用，但目前有关学校适应的研究存在着研究系统性不足、高等教育学生关注度不够、研究工具单一等问题。李云星[①]等通过对2470名高中生进行研究表明，

---

① 李云星. 新高考改革背景下高中生学校适应的调查研究——以浙江省S市为例 [J]. 教育发展研究. 2018.

高中生学校适应状况整体一般，超过半数（56.4%）的高中生认为自己并不能很好地适应高中生活，有的学生即使即将完成高中学业，依然没融入自己的高中生活，无法很好地适应学校。除此之外，高中学生学校适应情况与学业完成情况呈正相关，与睡眠时间呈负相关。该结果说明，学校适应情况较好的学生往往能够更好地完成老师布置的作业和其他学业上的任务，学习情况优于学校适应情况较差的学生。学校适应不良会对学生的睡眠产生消极的影响，容易导致学生产生焦虑、不自信等负面情绪，从而影响学生的睡眠，而学校适应较好的学生则不容易产生睡眠问题。

目前我国学校适应研究主要存在以下问题。首先，对于大学生学校适应的研究并不规范、深入，大多仅局限于对现象的描述和零散的研究，没有系统性。主要表现在研究内容上，很多研究者都关注大学生学校适应的影响因素，致力于建立能够量化的影响模型，但对大学生学校适应的影响机制研究不足。在影响因素方面，环境因素特别是校园环境对大学生学校适应的影响则探讨得非常少，如国外研究仅关注了大学所提供的适应计划以及学生个人在大学的负面经历（如恐吓、被侵犯）对其学校适应的影响，而国内目前仅有少量关于班级环境、师生关系对学校适应影响的文章，但是其关注对象主要是中学生。不仅如此，目前大部分的研究也只注重于单一层次影响因素对大学生学校适应的影响，而影响因素间的复杂相互作用并没有深入探究。此外，对大学生学校适应轨迹的差异性以及影响因素方面的研究仍然是大学生学校适应理论研究的一个空白。

其次，"学校适应"研究对象主要集中在基础教育阶段的学生，对高等教育学生关注度不够。大学生群体学校适应关乎该群体能否进行良好的学习、生活，是否能够得到应有的成长，在一定程度上决定了大学生群体能否踏出校门，良好地适应社会，成为合格的社会主义事业建设者。因此对大学生学校适应进行系统研究，科学有效地进行大学生学校适应教育体系探究是必要且紧迫的。

最后，在研究工具上，笔者通过对不同学龄段学生的研究进行比较发现，研究者们在进行学校适应研究时，往往根据自己研究的侧重点选取研究工具，目前国内外对大学生学校适应的研究以量化研究为主，质性研究和整合研究的方法采用得较少。如前所述，学校适应的研究结构学者们并没有较为统一的观点，因此研究工具的差异就比较大，适应维度不一。因而，学校适应研究者们之间的结果可比较性不强。由于目前我国学校适应研究存在种种不足，我国高校的许多适应性课程、活动以及对策、措施等缺乏科学的理论依据，具体实施缺乏针对性、变通性。

因此，笔者拟以大学生为研究对象，通过建立科学合理的大学生学校适应影响机制模型，编制《大学生学校适应量表》，从大学生个人人口学特征、学校适应现状、影响因素、学业成就现状、心理健康等方面进行研究，进一步采用高级统计分析的方法探索大学生学校适应的影响机制，并据此建立起一套有效的干预策略，为提升大学生学校适应提出理论解释和切实可行的操作方案。

二、研究价值

研究理论意义：目前关于大学生学校适应的研究还存在许多不足，如系统性不足、研究方法单一等。通过深入、系统地研究大学生学校适应问题，进一步丰富国内关于大学生学校适应方面的研究，让学者更加深入地了解其现状和影响因素，为构建科学的大学生学校适应教育体系提供理论支撑；同时也有助于激发更多研究者对当前学校适应教育体系的科学性和针对性进行思考和研究，建立更加完善的大学生学校适应教育体系。

研究实际意义：通过科学地研究和了解大学生学校适应的现状、影响因素和机制，以及构建大学生学校适应教育体系和评价体系，相关人员可以为高校提供有针对性的建议和策略，同时有针对性地开展大学生学校适应教育、提高大学学校适应水平，并且为高等教育机构提供理论支撑和技术参考。当然这也有助于大学生更好地认识自己，找到适合自己的学习和生活方式，从而顺利度过大学阶段，为未来的职业发展和融入社会做好准备。当然，大学生群体的培养质量也是社会关心的问题，对大学生学校适应的研究可以为政府和社会提供有关大学生的政策建议。

第二节　大学生学校适应问题的研究方法

一、当前大学生学校适应的研究工具

本研究采用《中国大学生适应量表》方晓义等[1]2005年编制的学校适应量表，采用该量表中五个分量表进行测查，其中包括学习适应、身心适应、人际适应、就业适应、校园生活适应等5个维度，共27个条目。其中学习适应反映了个体有关学习的态度、学习过程情况、对自我学习情况的评价；身心适应是指个体在校期间的身体和情绪、情感状态；人际适应是指个体在校期间与同学、老师以及他人相处的愉快程度；就业适应是指大学生对于自己就业信心和态度；校园生活适应反映了个体对自己在大学中课余生活的安排是否充实有意义。五个维度和总量表的内部一致性系数（α）分别是：学习适应为0.82、身心适应为0.74、人际关系适应为0.81、就业适应为0.74、校园生活适应为0.67、总量表为0.93，一致性较好，表明问卷具有良好的信度，且问卷的结构效度良好。

为了全面了解青少年学生自立人格的结构，我们采用了夏凌翔和黄希庭于2008年编制的《青少年学生自立人格量表（SSPS-AS）》中的主动性和开放性两个量表进行测查。该量表在前期系列研究结果的基础上，构建出了涉及个人自立与人际自立两个方面的自立人格结构。这个结构包含了五个维度：独立性、主动性、责任性、灵活性和开放性，并进一步细分为个人独立性与人际独立性、个人主动性与人际主动性、个人责任性与人际责任性、个人灵活性与人际灵活性、个人开放性与人际开放性等10种特质。该量表的项目编制过程严谨，基于文献分析、大规模的开放式问卷调查、初步的封闭式问卷调查、相关维度包含的人格特质词以及参考有关的权威量表进行编制。初步拟定的项目多达2千多条，经过有关专家的反复论证和

---

① 方晓义，沃建中，蔺秀云.《中国大学生适应量表》的编制［J］. 心理与行为研究，2005.

多次预试挑选，确保了内容效度。[1]结合本次研究的目的，我们重点选择了主动性和开放性两个分量表进行测查。这两个分量表旨在评估青少年学生在面对挑战和机会时能否主动采取行动，以及他们是否具有开放的思维和接纳新事物的态度。这样的测查能帮助我们更深入地理解青少年学生的自立人格特质。

积极心理资本问卷（PPQ）由张阔等[2]编制，是一个全面评估个体积极心理状态的工具。该问卷主要涵盖了四个关键维度：自我效能、韧性、希望和乐观，每个维度都有其独特的重要性，共同构成了完整的积极心理资本结构。问卷包含了26个具体项目，旨在详细而全面地评估个体在这四个维度上的表现。全量表的内部一致性克隆巴赫系数为0.79，这意味着该问卷具有较高的信度，自我效能维度的克隆巴赫系数为0.83，韧性为0.71，希望为0.81，乐观为0.79。这些系数均高于0.70，可见调查结果具有良好的信度，问卷结构也具有良好的效度。

《领悟社会支持量表（PSSS）》由Blumenthal等于1987年编制，后经姜乾金译制修正。该量表是专门测量个体自我理解和自我感受的社会支持测量工具。通过它，研究者可以深入了解个体领悟到的来自不同社会支持源的支持程度，这些支持源包括家庭、朋友和其他人。该量表共有12个条目，覆盖了家庭支持、朋友支持和其他支持3个分量表。此外，该量表没有反向计分的题目，使得计分更为简单和直接。社会支持总分由3个指标的分数相加除以项目数，分数越高，得到的总的社会支持程度越高。该问卷具有良好的信度与效度。

自编《学校环境满意程度》问卷，为了解学校各方面环境对大学生学校适应的影响，从学校硬件条件如食堂环境、教室物理环境、图书馆配置等和学校软实力如课堂氛围、规章制度、教师师资水平、师生人际满意评价等方面，从学习、人际等共5个方面测量学生对学校环境的满意程度。

自编《社会环境》问卷，为了解当前社会环境对大学生学校适应的影

① 夏凌翔，黄希庭. 青少年学生自立人格量表的建构［J］. 心理学报，2008.
② 张阔，张赛，董颖红. 积极心理资本：测量及其与心理健康的关系［J］. 心理与行为研究，2010.

响，研究者选取了可能直接影响大学生学习态度和积极性的两类社会环境进行了调查，对社会对大学生群体的认可程度和相关舆论支持情况（简称舆论环境）和当前大学生就业环境、就业竞争力、薪水状况等（简称就业环境）等方面设置了10道题目。

自编《大学生生活事件量表》，该量表结合大学生日常生活内容及刘贤臣等编制的《青少年社会生活量表》及欧贤才编制的《青少年日常学校生活事件量表》进行编制，主要测量可能对大学生身心健康产生影响的主要生活事件半年内的发生情况及对个人的影响程度，具体包括学习困扰、情感困扰、人际困扰、健康困扰、经济困扰、家庭困扰、惩罚和其他困扰等8个维度，计分方法上首先区分事件发生与否，未发生的事件计为0分，发生的事件则根据该事件带来的心理困扰或痛苦程度按五等级计分：0—5分依次表示"无影响""影响轻度""影响中度""影响重度"和"影响极重"。该量表有较好的信度和效度。

《大学生学业成就问卷》包括大学生行为绩效和客观成绩两个部分。其中大学生行为绩效是根据王雁飞的员工绩效量表改编而成，由智育分排名、德育分排名、文体分排名和综合分排名构成。

《大学生心理症状量表》由杨宏飞[1]等人从症状自评量表（SCL-90）等常用量表中提取项目建立项目库，并以此为基础进行编制，量表共30个条目，无反向计分题。量表具有良好的信度与效度，可用来测查大学生心理问题情况。

总体幸福感量表（GWB）是美国国立卫生统计中心设计的一种定式型测查工具，用来评价受试人群对幸福的陈述。本研究采用国内段建华修订后的简化量表，共计18个题目，得分越高，表明个体主观幸福感越高。本研究中量表总体信度与效度良好。

为便于评定结果间的相互比较和进一步统计分析，以上量表均采用7点计分，从1为"完全不符合"到7为"完全符合"。各量表及其各维度得分情况均采用均分制，即各量表或维度得分等于项目总分除以项目数，得分

---

① 杨宏飞，刘佳. 大学生心理症状量表的编制及初步应用［J］. 中国行为医学科学，2006.

越高，表示该学生在此量表所测内容方面表现越好或与自身情况越符合。为便于对评定结果进行定性描述和解释，除生活事件量表外，其他量表评分均根据量表评分全距6分划分为三个等级，1—3表示评分处较低水平，3—5表示评分中等，5—7表示评分较高水平。而生活事件量表，则根据所描述的生活事件的发生率（已发生事件频数/对应事件总数）进行定性描述。

此外，为研究其他人口学变量对大学生学校适应影响因素，笔者还编制了个人基本情况调查问卷，包括个人性别、年级、是否为独生子女、是否担任过学生干部、生源地、是否参加过社团或志愿者活动组织等相关变量。

二、研究对象介绍

本研究采用方便随机取样方式，从四川、重庆、天津、新疆、贵州等五个省、自治区、直辖市的多所高校中选取了1300名在校大学生作为调研对象。经过仔细筛选和审查，最终收回了1264份有效问卷，这些问卷涵盖了广泛的人口统计学特征，包括性别、生源地、是否为独生子女、年级和专业类型等。在有效样本中，城市生源有181人，农村生源有1083人；此外，有127人是独生子女，1137人不是独生子女；在年级分布上，大一、大二、大三和大四的学生都有一定数量的样本。具体来说，大一学生有290人，大二学生有440人，大三学生有387人，大四学生有147人，这样的分布确保了研究结果的代表性和可靠性。在专业类型上，文科生有549人，理科生有412人，工科生有203人。此外，还有本科和专科等不同层次的学生参与了调研。这些数据为我们提供了不同专业和不同学历层次的学生在学校适应方面的差异性。综上所述，本次调研的样本具有多样性、广泛性和代表性，能够为研究提供丰富而准确的数据。

表4-1　样本基本情况

项目	分类	频率	百分比	项目	分类	频率	百分比
性别	男	214	16.9	担任学生干部	是	668	52.8
	女	1050	83.1		否	596	47.2

续表

项目	分类	频率	百分比	项目	分类	频率	百分比
独生子女	是	127	10	参加社团组织	是	1158	91.6
	否	1137	90		否	106	8.4
年级	大一	290	22.9	家庭所在地	城镇	181	14.3
	大二	440	34.8		农村	1083	85.7
	大三	387	30.6				
	大四	147	11.6				

三、研究过程

在深入探究大学生学校适应的内涵和研究现状时，笔者查阅了大量文献，以期对这一领域有更全面的了解，在此基础上，明确了大学生的学校适应的内涵，并构建了关于大学生学校适应养成机制的假设。为了验证并调整这些假设，笔者设计了一套详尽的访谈提纲，并对大学生进行了访谈。根据访谈结果提供的实证依据，对假设进行初步验证和相应调整。随后，基于对大学生学校适应的内涵定义及研究假设，编制《大学生学校适应》调查问卷，为确保问卷的可靠性和有效性，对问卷进行了信度与效度检验。最后，我们根据抽样原理进行了大范围的抽样调查。通过分析调查结果，我们深入了解了大学生学校适应的现状、影响因素以及其养成机制。基于以上过程和研究分析结果，构建科学、系统的教育体系，旨在提升大学生的学校适应能力。

研究阶段：

第一阶段 前期准备阶段（2019年9月至12月）

在此阶段，我们根据已有的调研结果，对现有的《大学生学校适应》问卷进行了系统的修订。同时，对问卷进行了严格的信度和效度检验，确保了问卷的准确性。制作并打印了正式的调查问卷，对参与研究的助手进行了系统的施测培训，确保数据采集的规范性和准确性。

第二阶段 正式调研阶段（2020年1月至3月）

从四川、重庆、天津、新疆、贵州等五个省、自治区、直辖市的8所高校中选取1300名在校大学生作为调研对象进行问卷调查，调查内容包括大学生学校适应状况、影响因素、学校适应教育现状等，深入了解这些大学生在学校适应状况、影响因素以及学校适应教育现状等方面的具体情况。

第三阶段 数据分析与撰写成果阶段（2020年3月至6月）

利用描述统计、检验、方差分析、相关分析和回归分析等多种统计方法，对各被试在大学生学校适应量表上的表现进行了分析。最终，我们将这些分析结果整理成系统的研究成果，为后续的学术交流和实际应用提供支撑。

第五章　大学生学校适应的群体差异分析

第一节　大学生学校适应现状

　　根据调查结果显示，我国大学生学校适应各维度得分最低为4.03分，最高为5.08分，根据与本量表所采取的中值4分相比较，均高于中值。本量表分数越高代表大学生在学校适应各维度上表现越好，因此该结果说明我国大学生学校适应整体处于中等稍偏上水平，这体现了当下大学生较为积极的精神风貌。

　　为更好地对大学生学校适应的各方面进行更深入的了解，笔者对大学生学校适应各维度间进行重复测量方差分析，比较各维度之间的差异水平，结果发现：大学生的就业适应得分显著低于其他维度，其次是学习适应、身心适应、校园生活适应，人际适应维度得分最高，高于其他所有维度。该结果说明，在校大学生对未来就业缺乏清晰认识，不清楚、不知道自己想要一份怎样的工作。而在其他方面的适应情况，如学习、身心、人际和校园生活等得分均高于理论均值，尤其在人际适应方面得分更是高于其他维度。该结果表明大学期间，学生能够主动调整自己的身心状态，去适应大学的学习方式、方法和节奏，同时，也体现了大学生人际交往能力的快速提升，能够较好适应大学的人际关系，这反映了当下大学生虽然在学校适应方面总体尚可，但在学校适应各方面还是存在一些差异性，即人际适应方面最好，而就业适应方面最差。

表5-1　大学生学校适应各维度得分情况表

	N	中值	M±SD	F	P	LSD
学习适应		4	4.53+0.90			
身心适应		4	4.68+1.25			
人际适应	1264	4	5.08+1.06	218.661	.000	4<1<2/5<3
就业适应		4	4.03+1.30			
校园生活适应		4	4.71+1.23			

　　同时，为了解大学生在学校适应各维度上得分分布情况，笔者将评分全距6分等距划分为了三个评分区间1—3分、3—5分和5—7分，分别对应学校适应水平较低、中等和较高三个水平。统计结果表明（见表5-2）就业适应、校园生活适应和身心适应水平较低的大学生比例相对较高，分别占14%、11%和7%，而学习适应和人际适应两方面适应水平的比例则相对较低，均为3%。该结果表明，校园生活不适应已经是一个较为普遍的问题，是大学生学校适应的重要阻碍，这可能与大学生活的特殊性有关，相较于其他学龄段，大学生完全离家，不能再依靠家庭解决问题，生活中的问题也要自己面对。有的大学生第一次离家，由于缺乏独立生活的能力、与人沟通的技巧和心理调适能力，而导致他们在校园生活中遇到困难。这一结果还反映了大学生职业生涯规划的匮乏。在高等教育中，职业相关的教育往往集中在大四学年，其他学年没有接受相关引导；他们缺乏对未来职业的了解和规划，在学习中缺乏针对性和方向性，从而造成了就业适应问题。与此同时，大学生除人际适应处于较高水平（57%）外，学校适应其他维度上均处于中等适应水平。该结果表明本次调查中大学生整体学校适应水平一般，以中等适应水平为主，并且在就业适应和学校生活适应水平较低的大学生人数仍较多。

表5-2　学校适应各维度得分分布情况表

学校适应水平	学习适应	身心适应	人际适应	就业适应	校园生活适应
较低水平	3%	7%	3%	14%	11%
中等水平	66%	50%	40%	61%	49%
较高水平	31%	43%	57%	25%	40%

第二节　大学生学校适应的群体差异分析

一、大学生学校适应的性别差异分析

根据表5-3得出，男女生在就业适应与校园生活适应两方面存在显著差异（p<0.05）。其中，男生在就业适应维度上得分高于女生，男生在校园生活适应维度上得分显著低于女生。该结果说明，男生相较于女生有更强的就业适应能力，他们更加清楚自己适合什么工作，对未来就业有更强的自信心。但男生相较于女生不能够很好地适应大学的日常生活，显得更加散漫、大学生活无意义感更强烈。研究认为，造成这一结果的原因可能是社会对男女的要求不一致。随着时代的发展，关于性别的各种观念也在不断更新，但有关"男主外，女主内"的分工观念却并没有随着时间推移发生明显变化。因此，在男女的培养过程中，方式、方法、要求等差异是巨大的，男生更多地要培养在外打拼挣钱养家的能力，女生更多地要培养协调家庭、照顾家庭的能力。在学校工作中也发现，许多男生在大学期间都有职业探索的行为，如兼职、主动了解就业信息等，而女生就较少一些。

表5-3　不同性别学校适应各维度差异情况表

	男（M±SD）	女（M±SD）	t值	p值
学习适应	4.57±1.06	4.52±0.87	0.697	0.486
身心适应	4.69±1.42	4.67±1.21	0.205	0.837
人际适应	5.14±1.08	5.07±1.05	0.916	0.360
就业适应	4.25±1.30	3.99±1.30	2.722	0.007
校园生活适应	4.40±1.36	4.77±1.20	−3.686	0.000

二、大学生学校适应在是否为独生子女上的差异分析

根据表5-4可知，是否独生子女在学习适应、人际适应与就业适应三个

维度上存在显著差异（p<0.05），独生子女在这三个维度上得分高于非独生子女。该结果说明，相较于非独生子女，独生子女更容易适应大学的学习生活，人际交往情况更好，对未来就业更适应。这可能是由于独生子女在家庭中得到的关注和资源更多，因而可能学习更好，在人际适应方面，独生子女也表现得更为出色。这提示我们，独生子女人际关系不一定不好，独生子女在与同龄人交往时反而更加自信和开放。这一研究结果证实了独生子女在大学适应中存在着一定的优势。

表5-4　是否独生子女学校适应各维度差异情况表

	是（M±SD）	否（M±SD）	t值	p值
学习适应	4.73±0.96	4.51±0.89	2.688	0.007
身心适应	4.67±1.44	4.68±1.23	−0.062	0.951
人际适应	5.30±0.96	5.05±1.07	2.553	0.011
就业适应	4.34±1.26	4.00±1.30	2.767	0.006
校园生活适应	4.77±1.26	4.70±1.23	0.528	0.597

三、大学生学校适应在是否担任过学生干部上的差异分析

根据表5-5可知，在学校适应各维度中，除身心适应维度外，其余维度均在是否担任过学生干部上存在显著差异（p<0.01），担任过学生干部的大学生在学习适应、人际适应、就业适应与校园生活适应上得分均高于没有担任过学生干部的大学生，该结果说明除了身心适应外，担任学生干部的大学生在其他方面适应情况都显著优于未担任过学生干部的大学生，即担任过学生干部的学生具有更强的学校适应能力。这一结果可能与学生干部的选拔机制有关，通常学生干部的选拔基于某些能力，如领导能力、责任心和组织能力等。因此，担任过学生干部的大学生可能在个人特质上就具备了更好的适应学校生活的潜力。但研究认为，学生干部经历为大学生提供了宝贵的锻炼机会可能更为重要。众所周知，担任学生干部需要与不同的人打交道、处理各种事务和解决各种问题。这样的经历不仅有助于提升大学生的社交技巧和组织能力，更有助于培养他们的团队协作精神和抗压

能力。该结果提示我们，积极参与学生活动、争取担任学生干部可能对提升大学生的学校适应能力具有积极作用。

表5-5　是否担任过学生干部学校适应各维度差异情况表

	是（M±SD）	否（M±SD）	t值	p值
学习适应	4.65±0.87	4.40±0.91	4.903	0.000
身心适应	4.69±1.28	4.66±1.22	0.458	0.647
人际适应	5.20±1.04	4.94±1.07	4.329	0.000
就业适应	4.17±1.31	3.89±1.28	3.818	0.000
校园生活适应	4.80±1.23	4.61±1.23	2.626	0.009

四、大学生学校适应在是否参加过社团或志愿者等活动组织上的差异分析

由表5-6可知，是否参加过社团或志愿者等活动组织在学习适应、人际适应及校园生活适应维度上存在显著差异（p<0.05），在身心适应上，存在边缘显著（p=0.056），且参加过社团或志愿者等活动组织的大学生在以上维度得分均高于没有参加过以上活动组织的大学生。结果表明，参加社团或志愿者等活动组织的大学生有着更好的学校适应能力。这可能预示着大学生参加社团或志愿者等活动组织能够增强大学生的学习能力，提升他们的人际交往能力，让他们能够更快地适应校园环境。但在就业适应上，两者没有差异，这同样也反映了在大学生活动中，与就业相关的活动较为匮乏，学生通过这些组织难以得到这方面的锻炼。

表5-6　是否参加过社团或志愿者等活动组织学校适应各维度差异情况表

	是（M±SD）	否（M±SD）	t值	p值
学习适应	4.56±0.90	4.18±0.88	4.215	0.000
身心适应	4.70±1.25	4.45±1.24	1.914	0.056
人际适应	5.11±1.05	4.72±1.06	3.695	0.000
就业适应	4.04±1.31	3.96±1.20	0.646	0.519
校园生活适应	4.74±1.23	4.44±1.30	2.396	0.017

五、大学生学校适应在年级上的差异分析

为了解不同年级之间大学生学校适应的差异，本研究通过方差分析发现（见表5-7），不同年级之间大学生在学习适应、身心适应、就业适应与校园生活适应维度上存在显著差异。进一步事后比较显示，大二学生在学习适应上显著低于其他年级；大一学生在身心适应、就业适应上显著优于其他年级；大一学生在校园生活适应上强于大二、大四的学生。该结果表明，大一的学生相较于其他年级更加享受大学的生活环境，能够更好地融入大学的生活和学习中，对自己未来就业有着较为明确的方向。众所周知，刚进入大学的大一学生对新的环境有好奇心和新鲜感。这种新鲜与好奇使他们乐于积极参与各种活动，从而冲淡了新环境带来的不适感。除此之外，大一学生通常对自己的未来就业方向有较清晰的认识，因而他们在学习和生活中方向感明确。

大二的学生更加容易产生学习上的困惑，在学习上产生消极、挫败感，对自己的学习能力、学习方法等产生怀疑。造成他们学习困难、压力大的原因可能与课程的深入有关，进入二年级，他们的学习内容变得更加复杂，这让他们学习时感到压力增大。除此之外，大一通常以通识教育为主，大二开始进入专业课程，学生需要适应新的学习内容和方式，部分学生可能没有及时调整学习策略。例如，从广泛的基础知识学习到专业领域的深入研究，学生需要掌握更具体的学习方法。不能忽视的还有大学生对未来的焦虑与对自己的怀疑。随着难度的增加，部分学生可能会对自己的学习能力、学习方法产生怀疑。

此外，通过年级差异的比较我们发现大一学生在刚进入大学后（本次调查的大一学生均为入学2至3个月的新生）对大学各方面的适应较快，对大学生活、学习等各方面总体满意度相对较高，但随着大学生活的深入开展，大学生各方面的适应水平均呈现出下降趋势，尤其在大二和大四阶段，大学生在学校适应各方面都面临着新的挑战，导致他们适应水平出现明显降低。研究认为，心理压力的不断累积是重要影响因素之一。学业、就业、人际关系种种压力，随着年级的增加逐渐累积。例如，"卷文化"

的扩展、现阶段学业要求的提高、就业市场的变化以及人际关系中的矛盾和冲突都不断增加着学生的压力。大学生生活事件变化，如室友更换、课程调整等也可能给他们带来适应上的困难。除上述因素外，固化的社会人际关系，导致其人际支持对个人的帮助也在降低。

表5-7　不同年级学校适应各维度差异情况表

	大一 （M±SD）	大二 （M±SD）	大三 （M±SD）	大四 （M±SD）	F	P	LSD
学习适应	4.58±0.90	4.43±0.89	4.56±0.92	4.65±0.87	3.121	0.025	1/3/4>2
身心适应	4.86±1.26	4.57±1.23	4.66±1.23	4.66±1.30	3.123	0.025	1>2/3/4
人际适应	5.15±1.00	5.01±1.10	5.13±1.06	5.01±1.04	1.676	0.170	/
就业适应	4.28±1.92	3.85±1.33	4.09±1.29	3.97±1.12	6.742	0.000	1>3>2/4
校园生活 适应	4.89±1.22	4.61±1.25	4.72±1.20	4.64±1.27	3.135	0.025	1>2/4

六、大学生学校适应在生源地上的差异分析

根据表5-8可知，不同家庭所在地在身心适应与就业适应维度上存在显著差异。具体而言，在身心适应上，农村生源大学生得分高于城镇大学生；在就业适应上，城镇生源大学生得分高于农村大学生。该结果表明，农村生源大学生来到新环境有着更强的身心适应能力，较少体验到适应不良带来的生理或情绪反应。而城镇生源大学生比农村生源大学生有着更为清晰的就业认知、就业方向更清晰。这可能与大学生城镇生活环境、父母工作内容、性格差异等有关。

表5-8　家庭所在地学校适应各维度差异情况表

	城镇（M±SD）	农村（M±SD）	t值	p值
学习适应	4.63±0.93	4.51±0.90	1.640	0.101
身心适应	4.46±1.40	4.71±1.22	-2.243	0.026
人际适应	5.21±1.00	5.06±1.07	1.808	0.071
就业适应	4.27±1.34	3.99±1.29	2.695	0.007
校园生活适应	4.64±1.28	4.72±1.23	-0.856	0.392

第六章　大学生学校适应的影响因素分析

第一节　大学生人格特质与学校适应的关系分析

一、人格概述及国内外研究现状

在教育领域，理解和尊重学生的个体人格差异是非常重要的。人格是影响学生的学习风格、行为模式和情感表达的关键因素。在西方心理学中人格源自拉丁文的"persona"，原意为人格面具，是指演员在舞台上表演的人物的性格特点，又有表演的成分，后由此引申出人格的双重含义。一方面，人格表现为个体的行为特点，如思维方式、情感表达以及行为模式等。另一方面，人格也包括个体内部无法直接观察到的特点。[1][2]罗苑、齐平认为，人格是人们在特定社会背景中作为自然和社会主体所呈现出的实际状况，以及由这种状况产生的尊严、责任、价值和品格的综合体现[3]。郑雪等人在艾森克对人格定义的基础上，对人格理论进行了重新定义，认为人格是个体在遗传素质的基础上，通过与后天环境的相互作用而形成的、相对稳定的和独特的心理行为模式[4]。

关于人格结构，有许多不同的理论，包括Allport的人格特质理论、卡特尔人格特质理论、艾森克人格结构层次理论、人格五因素模型和人格七因

① 黄希庭，再谈人格研究的中国化［J］. 西南师范大学学报，2004.
② 王登峰，崔红. 人格结构的中西方差异与中国人的人格特点［J］. 心理科学进展，2007.
③ 罗苑，齐平. 家庭教养方式与青少年人格形成及心理健康研究综述［J］. 宜春学院学报，2009.
④ 郑雪，王玲，邱林，严标宾. 大学生主观幸福感及其与人格特征的关系［J］. 中国临床心理学杂志，2003.

素模型等。由于中国国内的人格研究起步较晚，因此完全本土化的中国人人格特质研究还处于起步阶段。然而，目前已经形成了初步的中国人人格特质模型，即王登峰等人提出并验证的中国人人格七因素模型。①这些理论为我们更深入地理解人格的结构提供了有益的视角和工具。

最早编制并测量人格特质的是Allport，他被视为人格研究的先驱，他在人格特质分类和测量方面作出了重要贡献。Allport将人格特质分为共同特质和个人特质两大类，并编制了用于测量支配—顺从关系的调查表，用以测查个体的行为倾向，这种采用纸笔对支配—顺从和价值类型的测试方法，至今仍被广泛应用。②艾森克人格量表（EPQ）是另一种被广泛应用的人格量表，它是一种自陈式量表，被试人根据自身情况回答是或不是（否）。包括成人和少年两种形式，每个量表都有E（内倾—外倾）、N（神经质）、P（精神质）和L（谎言）四个部分，其中E、N、P用以测量人格的三个维度，它们彼此独立。EPQ具有较高的效度和信度，因此在医疗、教育和司法等领域得到了广泛应用，成为目前在国内运用最为广泛的人格量表之一。

尽管国内对中国人人格特质的研究使用了许多西方的人格量表，如EPQ、16PF等，但由于文化差异，这些量表并不完全适用于本土的人格研究。因此，中国人个性量表（CPAI）的诞生标志着我国人格测量本土化取得了重要进展。该量表由22个正常个性量表、11个病态个性量表以及2个效度量表构成，共510个题项。经检验，该量表具有相当的信度和效度。③由于中国人个体量表（CPAI）以西方理论为基础，其中包括许多西方人格倾向的题项，因此不能很好地反映中国人的人格特质。为了解决这个问题，王登峰等人编制了中国人人格量表（Chinese Personality Assessment Scale，简称QZPS），这是第一个完全本土化的、反映中国人整体人格维度和特点

---

① 焦丽颖，杨颖，许燕，高树青，张和云. 中国人的善与恶：人格结构与内涵［J］. 心理学报，2019.

② 陈仲庚，人格心理学［M］. 沈阳：辽宁人民出版社，1986.

③ 宋维真，张建新，张建平，张妙清，梁觉. 编制中国人个性测量表（CPAI）的意义与程序［J］. 心理学报，1993.

的综合性人格量表。该量表共180个题项，包括外向性、善良、情绪性、才干、人际关系等7个维度，合群、活跃、乐观、真诚、利他、重感情、耐性等15个因素。QZPS的编制是人格测量本土化的重要成果，不仅丰富了人格测量的工具，也为研究中国人的人格特质提供了有力的支持。①

二、大学生人格现状分析

根据表6-1可知，我国大学生人格开放性得分为4.82，主动性得分为4.68，均高于理论中值。按照三分法对分数进行划分，1—3分为差，3—5分为中等，5—7分为优秀，可以看到，虽然大学生人格各维度得分高于理论中值，达到中等水平，但还远未达到优秀水平。

该结果说明，大学生在人格开放性方面的得分较高，表明他们愿意尝试新事物、乐于接受挑战并拥有广阔的视野。他们能够较为主动地对外界进行探索，有一定的主动规划性并为之努力的能力和行为，他们有较强的自我主见，在面对权威时，敢于在一定程度上打破它，而不是一味地顺从。这种开放性的心态有助于大学生在信息时代快速获取需要的资源，以便应对困难。然而，这一得分表明大学生的开放性尚未达到优秀水平，说明他们在面对新的挑战或压力时可能缺乏足够的勇气和决心去突破自我。大学生群体具备一定的自我规划能力和执行力，能够主动迎接生活中的机遇与挑战，这有助于大学生在未来的职场中展现出积极进取的态度。综上所述，虽然我国大学生在人格的开放性和主动性方面表现出一定的积极特质，但尚未达到优秀水平。为了进一步提升大学生的人格特质，教育工作者和社会以及家庭应该鼓励大学生保持好奇心、勇于尝试新事物，并培养他们的行动力和规划能力。

---

① 王登峰，崔红. 中国人人格量表（QZPS）的编制过程与初步结果［J］. 心理学报，2003.

表6-1　大学生人格各维度得分情况表

	N	中值	M ± SD	等级水平
主动性	1264	4	4.68+1.07	中等
开放性		4	4.82+0.86	中等

三、大学生人格特质与学校适应的关系分析

为进一步探索大学生人格特质与学校适应的关系，研究运用相关分析法对大学生人格特质中的主动性和开放性与学校适应各维度进行相关分析，结果（见表6-2）发现：大学生的人格主动性和开放性与学校适应各维度均存在显著正相关，且在多个维度间达到中等程度相关，即表明大学生人格的主动程度和开放程度与其学校适应情况之间关系密切。该结果说明积极主动参与学校学习、生活，拥有开拓主动拓展思想、知识的能力以及能够对外界和自己保持一定的开放性的大学生个体，能够更好地适应大学学习、人际交往，能够较好地应对校园生活中的各种变化，不容易产生身体和心理上适应的不良体验，可以更为平稳地面对大学时期的各种适应问题。

表6-2　人格特质与学校适应各维度的相关分析

学校适应	学习适应	身心适应	人际适应	就业适应	校园生活适应
人格主动性	.519**	.295**	.525**	.474**	.338**
人格开放性	.421**	.286**	.463**	.295**	.429**

第二节　大学生心理特质与学校适应的关系分析

一、心理韧性、希望等心理特质概述

（一）心理韧性概述

心理韧性也称心理弹性、复原力、压弹及抗逆力。Rutter认为心理韧性

是一个动态的过程。为了进一步了解心理韧性的发展过程和作用机制，研究者们探讨了应对压力时个体差异和内部的过程。美国心理学会把心理韧性定义成个体面对逆境、创伤等压力源时所进行积极应对的过程，其中压力源包括家庭问题、人际关系问题、严重的健康问题、工作上的问题和经济压力源等。结合已有文献，本研究认为心理韧性是指个体能够攻坚克难地面对具有挑战性的生活、面对有压力或创伤性事情的一种能力。

关于心理韧性的研究工具，Young等编制了Resilience Scale for Adults（RSA），此问卷有25个项目，按照七级进行评分。胡月琴等编制了《青少年心理韧性量表》，该量表有27个项目，采取五点计分，内部一致性信度为0.83①。由于本研究调查的是大学生，故而本研究选取胡月琴编制的量表作为本研究的测评工具。现有研究表明，现阶段学生心理韧性总体状况处于中等水平。如刘欢对湖南省的500名中小学生进行调查，研究结果表明：整体上中小学生的心理韧性处于中等水平②。查灵使用《心理韧性量表》对上海市四所普通中学的539名初中生进行了为期八个月共两个时间点的问卷追踪调查发现：整体上初中生心理韧性处于中等偏上水平③。陈天刚等使用青少年心理韧性量表对安徽省当涂第一中学高中生的心理韧性进行调查发现：整体上高中生的心理韧性处于中等水平，但在不同性别上表现出一定的差异④。张文静使用青少年心理韧性量表对江苏省高职学生心理韧性的现状进行研究，研究表明：整体上高职生心理韧性处于中等偏上水平，高职生心理韧性水平的发展呈现出随着年级升高而增长的趋势⑤。袁静对广水市某镇初中生心理韧性的状况和影响因素进行了调查研究，研究结果表明该地中学生心理韧性在目标专注、情绪控制、积极认知、家庭支持、人际协助五个因子的平均得分均高于常模。⑥

① 胡月琴，甘怡群. 青少年心理韧性量表的编制和效度验证［J］. 心理学报，2008.

② 刘欢. 湖南省中小学生心理韧性的现状调查［J］. 科教导刊-电子版（上旬），2015.

③ 查灵. 初中生情绪智力和心理韧性的现状与关系［D］. 上海师范大学，2018.

④ 陈天刚，吴靖，谷荣生等. 高中生心理韧性的现状调查报告［J］. 科教文汇，2019.

⑤ 张文静. 积极心理学视域下高职生心理弹性提升策略［J］. 辽宁经济管理干部学院学报，2019.

⑥ 袁静. 农村留守初中生心理韧性的调查及团体辅导干预研究［D］. 华中师范大学，2018.

在影响因素方面，个人特质、外界环境、家庭教育与社会支持等因素是影响个体心理韧性的主要因素。晁粉芳对大学生心理韧性与人格特质的现状分析，研究发现：大学生心理韧性在是否独生子女、月平均消费水平方面存在显著差异，与个体人格特质的外向性与宜人性等方面存在显著的正相关[1]。Stewart采用文章系统评价法对心理韧性相关研究进行整合发现，采用积极认知评估方式的个体的心理韧性水平更高，即积极认知评估是心理韧性的积极影响因素。同样，家庭环境是个体心理韧性水平的一个重要影响因素。邰胜男认为高中生的家庭因素对心理韧性具有重要影响，即融洽的家庭教养方式更能够有益于亲子交流、促进孩子心理韧性的健康发展[2]。此外，社会支持也是影响心理韧性的一个重要因素。桑利杰等对417名大学生的心理韧性与社会支持关系进行调查，结果发现：大学生所获得的社会支持对心理韧性具有正向预测作用，能够有助于个体以更加积极向上的态度与行为应对环境压力[3]。该结果说明，社会关系良好可以对心理韧性起到促进作用。

（二）希望概述

关于希望的内涵，众多学者给出了不同的观点。其中，Snyder在2003年首次对其进行了明确定义，认为希望包括情绪观和认知观两个方面。当代心理学则更加认同希望中认知成分与情绪成分并存的观点，这一观点在任俊2006年的研究中得到了深入探讨。黄希庭等人在2013年从理论角度对希望感进行了本土化评价，并对其概念进行了对比研究，指出希望感与个人成长的主动性、自信和对未来的取向都有所不同。

对于希望的测量工具，以Snyder提出的概念为基础编制的量表最具代表性。其中，Snyder于1996年编制的《状态希望量表》和Herth于1992年以未来时间认知、积极准备与期望以及人际支持三因素为维度编制的《Herth希望量表》应用较广。而在国内，陈灿锐、申荷永和李淅琮于2009年对Snyder

① 晁粉芳. 大学生心理韧性与人格、社会支持的关系［D］. 东北师范大学，2010.
② 邰胜男. 高中生家庭功能对其心理韧性的影响研究［D］. 东北师范大学，2015.
③ 桑利杰，陈光旭，朱建军. 大学生社会支持与学习适应的关系：心理韧性的中介作用［J］. 中国健康心理学杂志，2016.

编制的量表进行了本土化修订，形成了《成人特质希望量表》。该量表由12个项目组成，其中4个测量动力思维，4个测量路径思维，另外4个作为干扰项。经过探索性因素分析，该量表显示两个因素对总体方差的解释率为52%~63%，该量表具有一定的聚合效度和区分效度。

现有的研究表明，学生希望的重要影响因素包括学业成绩和奖励、文化环境和社会支持等外在因素。例如，禹玉兰等人于2012年的研究发现，在学业成绩方面，动力思维、希望水平这两个方面的得分随着在校学业成绩的提高而增加，并且不同学业成绩的学生之间有显著差异。多重比较（LSD）表明，在希望水平上，70分以下和70~80分的学生显著低于85分以上的学生。Pandey等人于2019年的研究指出，文化环境会对个体的希望产生影响，尤其在集体主义文化背景下的人会受到身边亲朋好友等关键人物的影响。黎志华在2013年对330名大学生进行的横断面调查发现，社会支持的主观支持维度对大学生的希望感有着显著的正向预测作用。

二、大学生积极心理特质现状分析

表6-3　大学生积极心理特质各维度得分情况统计表

学校环境	N	中值	M ± SD	等级水平	F	P	LSD
自我效能感		4	4.11 ± 0.67	中等			
心理韧性	1264	4	3.90 ± 0.53	中等	103.104	<.001	1>2/3/4
希望		4	3.90 ± 0.68	中等			
乐观		4	3.92 ± 0.69	中等			

通过表6-3的数据可知，我国大学生在自我效能感维度上得分均略高于理论中值（4分），而在心理韧性、希望、乐观等维度上略低于理论中值，但总体上均处于中等水平，同时方差分析结果显示大学生自我效能得分高于心理韧性、希望和乐观方面得分。该结果表明在积极心理品质上，大学生在对自身能力的自信、面对困难的抗挫折和抗压力、对生活充满希望和

乐观精神方面均表现一般，仍有较大的提升空间。

三、大学生积极心理特质与学校适应的关系分析

通过对大学生自我效能感、心理韧性、希望、乐观与学校适应各维度进行相关分析发现，以上心理特质均与学校适应各维度存在显著正相关。具体而言，心理韧性程度越高的大学生越能够顽强地面对生活中的挫折和坎坷，对于学校中存在的可能的消极影响因素，越能够积极主动地去应对。自我效能感与学习、人际、就业等存在中等程度正相关，这表明，自我效能感越高的大学生，他们在学习上越游刃有余，与人交往越顺畅，对自己就业也越有清晰的认知。此外，对生活和未来充满希望和拥有乐观态度的大学生可能生活、学习态度也更积极，更敢于面对困难并解决问题，因此他们也更容易适应大学生活。因此，研究认为拥有高自我效能感、性格坚韧、对生活充满希望和乐观向上的大学生总是对自己充满信心，愿意主动挑战，他们经历更加丰富，生活阅历更为多彩，这使得他们面对大学生活适应更好。

表6-4　大学生积极心理特质与学校适应相关分析

心理特征	学习适应	身心适应	人际适应	就业适应	校园生活适应
自我效能感	.468**	.187**	.417**	.548**	.151**
心理韧性	.424**	.590**	.421**	.337**	.517**
希望	.419**	.309**	.390**	.440**	.298**
乐观	.394**	.299**	.366**	.399**	.269**

第三节　大学生社会支持与学校适应的关系分析

一、社会支持概述

关于社会支持的概念，目前尚未统一。社会支持这一概念最早由Cobb在1976年提出，他认为社会支持是个体从其所在的社会网络中感受到的关心、尊重和重视。此后，国内外的学者开始对此展开深入探讨。肖水源是国内对社会支持进行研究的代表性学者，他将社会支持划分为客观支持、主观支持和支持利用度三个方面。其中，客观支持指的是个体所拥有的实际社会支持，包括物质和信息上的支持；主观支持则是个体感受到的社会支持，主要涉及情感上的支持和尊重；支持利用度则是个体对所获得的社会支持的利用程度[①]。刘晓和黄希庭进一步阐述了社会支持对个体身心健康的影响。他们认为，社会支持能够调节压力和身心健康之间的关系。良好的社会支持有助于个体身心健康发展，而消极的社会支持则可能对个体的身心健康造成损害[②]。此外，程虹娟等人对社会支持的类型进行了详细划分。他们认为社会支持包括情感支持、物质支持、信息支持和陪伴支持四种类型。情感支持主要是给予身处困境的人情感上的安慰；物质支持涉及物资、金钱和其他形式的亲社会性行为；信息支持主要是提供解决问题的方法或指导；陪伴支持则是指有助于提高个体自我价值感的言语或行为[③]。

在研究工具方面，国内外学者开发了多种社会支持量表。其中，国外最早的社会支持量表是由Sarason等人在1981年编撰的《社会支持问卷》，该问卷分为数量和满意度两个维度。国内则以国外量表为基础进行编制，如肖水源的《社会支持评定量表》（SSRS）。此外，还有Zimet编制、姜乾

---

① 肖水源. 《社会支持评定量表》的理论基础与研究应用［J］. 临床精神医学杂志，1994.
② 刘晓，黄希庭. 社会支持及其对心理健康的作用机制［J］. 心理研究，2010.
③ 程虹娟，张春和，龚永辉. 大学生社会支持的研究综述［J］. 成都理工大学学报（社会科学版），2004.

金修订的《领悟社会支持量表（PSSS）》，该量表侧重于自我理解和自我感觉的社会支持，包括家庭支持、朋友支持和其他支持三个维度，具有较高的信度与效度。

众多学者对社会支持进行了广泛研究，尤其关注学生群体的社会支持现状。例如，杜宏宇对西南地区824名在校大学生进行调查后发现，大学生的社会支持水平较高，且存在性别、父母文化程度、主要抚养者、恋爱状态和家庭收入等因素上的差异[①]。韩佳圻对哈尔滨504名学生进行定量研究发现，随着大学生年级的增加，社会支持呈现出先下降后明显上升的趋势，其中大二年级的学生家庭外支持和社会支持的值最低[②]。王紫微等人通过网络分析法对大学生进行研究后发现，大学生的社会支持与生命意义各维度存在不同程度的相关，其中重要他人维度是影响个体生命意义的核心社会支持维度[③]。在对中学生的研究中发现，初中生的社会支持总分整体上高于高中生，可能是初中生相对于高中生独立意识较淡薄，对家长和老师等的依赖性较高，人际互动也较多[④]。练柳通过对初中生的调查研究发现，初中生的领悟社会支持水平处于中等偏上水平，且存在性别差异，即男生的领悟社会支持水平高于女生[⑤]。

二、大学生社会支持现状分析

从表6-5中的数据结果可以看出，大学生的社会支持得分均高于5分，属于中等偏上水平（量表中值为4分），该结果表明大学生群体在学习、生活、情感需要等多个方面都能得到一定的来自外界的支持，主要包括来自亲属的支持、朋友的支持以及学生感受到的其他的支持。

---

① 杜宏宇. 大学生社会支持和睡眠质量的关系［D］. 四川师范大学，2022.
② 韩佳圻. 大学生社会支持、自我概念与心理健康的关系研究［D］. 黑龙江大学，2021.
③ 王紫微，任垒，李逢战，武圣君，刘旭峰，刘世举，王秀超. 大学生社会支持和生命意义维度的网络分析研究［J］. 空军军医大学学报，2022.
④ 唐慧琳，王思怡，胡永恒. 青少年社会支持、心理弹性与自杀意念的关系［J］. 心理月刊，2022.
⑤ 练柳. 初中生领悟社会支持、学业浮力与学习投入的关系及干预研究［D］. 云南师范大学，2022.

为进一步了解大学生获得社会各维度支持情况的差异，对大学生获得社会各维度支持情况进行了方差分析和事后检验。结果显示，笔者大学生获得的来朋友的支持得分高于来自家庭和其他人的支持。该结果说明，对大学生群体而言，朋友是他们主要的支持来源，对大学生心理支持起着最主要的作用。

表6-5　大学生社会支持各维度得分情况表

	N	中值	M±SD	F	P	LSD
家庭支持		4	5.07+1.30			
朋友支持	1264	4	5.21+1.20	26.024	.000	1/2>3
其他支持		4	5.06+1.17			

三、大学生社会支持与学校适应的相关分析

为进一步研究大学生社会支持与学校适应的关系，笔者对大学生社会支持各维度与学校适应之间进行了相关性分析，结果见表6-6。根据相关分析结果可知，大学生获得的来自家庭、朋友以及其他支持与学校适应各维度均存在显著正相关，在人际适应维度上，均呈现中等程度相关。

该结果说明获得社会支持能够有助于大学生群体适应大学学习、生活、情绪、就业、人际关系等，且对于大学生人际关系的适应，有着极为重要的积极作用。不论是来自朋友、家庭，还是来自其他人的支持，都能够帮助大学生建立良好的人际关系，促进大学生适应。这与以往的研究结果是一致的，研究认为社会支持与人际关系的发展有着密切关系[1]。产生这种结果的原因可能是：社会支持系统本来就是一种人际关系系统状态的反映，而人际关系的获得也能够促进社会支持的获得，即人际关系良好的个体，更加容易得到来自亲朋好友的支持，这是一个必然的相互影响的过程。因此，大学生群体的社会支持会与人际关系有较高的相关性。除此之外，研究认为，获得社会支持较多的大学生群体，能够从他人那里习得人际交往的技巧，并将这种技巧运用到大学的人际交往之中，因此更好地处

---

① 丁锦红，王净. 在校大学生社会支持状况研究［J］. 首都师范大学学报（社会科学版），2000.

理大学人际关系。与此同时，良好的社会支持也有助于大学生获得更多的关于大学生活、学习、就业等方面的知识和技能，更好地帮助他们适应大学生活。

表6-6　大学生社会支持与学校适应的相关分析

学校适应	学习适应	身心适应	人际适应	就业适应	校园生活适应
社会支持其他	.404**	.333**	.564**	.378**	.347**
社会支持家庭	.393**	.361**	.520**	.362**	.306**
社会支持朋友	.368**	.337**	.593**	.351**	.344**

第四节　大学生专业认同与学校适应的关系分析

一、专业认同概述

专业认同是指大学生对自己所学专业的认识、理解和接受程度，以及对自己未来职业发展的认知和规划。专业认同程度的高低，直接影响着大学生的学习态度、职业选择和未来发展。当前，我国大学生专业认同度普遍处于中等水平。也有一些大学生由于高考填报志愿时对专业的了解不够深入，加上社会环境、家庭期望等因素的影响，在入学后对自己的专业并不满意。[1]这种不满意的态度不仅会影响大学生的学习效果，还会导致他们产生调换专业的想法。

专业认同度的高低对大学生的影响是多方面的。首先，专业认同度会影响大学生的学习态度和成绩。研究表明，当个体专业认同度较高时，他们会更愿意投入时间和精力去学习，从而取得更好的成绩。相反，专业认同度较低，可能会导致大学生产生厌学情绪，成绩下滑。另外，有研究表明，专业认同度还会影响大学生的职业规划和未来发展。专业认同度较高的大学生，他们更有可能选择与本专业相关的职业，从而更好地发挥自己

---

① 李志，王琪琪，齐丙春. 当代大学生专业认同度的现状及对策研究［J］. 高教探索，2011.

的专业优势。相反，如果大学生对自己的专业认同度较低，他们可能会选择与本专业不相关的职业。由此可见，专业认同度不仅影响大学生在学校时候的表现，也会影响他们的职业发展。最后，专业认同度还会影响大学生的心理健康。如果大学生对自己的专业认同度较低，他们可能会产生焦虑、抑郁等心理问题，这不仅会影响他们的学习生活，还会影响他们的身心健康。[1][2]

二、大学生专业认同现状

如表6-7中数据所示，本次调查的大学生专业认同评分高于量表中值4分，但整体处于中等水平，即大学生专业认同度整体状况一般，仍有较大提升空间。

表6-7 大学生专业认同状况

	N	中值	M±SD	等级水平	T	P
专业认同	1264	4	4.91±1.19	中等	27.25	<0.001

三、当前大学生专业认同与学校适应的关系分析

由表6-8可知，大学生专业认同与其学校适应各维度间均存在显著弱正相关，相关系数在0.214至0.437之间。这表明对自己的专业有准确的认识、了解其发展方向并喜欢自己所学专业的大学生学校适应状况更好。这提示教育工作者要注重大学生专业思想教育，提高其专业认同感，这对大学生学校适应有着积极的促进作用。

表6-8 大学生专业认同与学校适应的相关分析

学校适应	学习适应	身心适应	人际适应	就业适应	校园生活适应
专业认同	.437**	.214**	.419**	.377**	.268**

① 刘春雷. 当代大学生就业心理问题及其影响因素研究 ［D］. 吉林大学，2010.
② 张良. 职业素质本位的高职教育课程建构研究 ［D］. 湖南师范大学，2012.

第五节　学校环境与大学生学校适应的关系分析

一、学校环境概述

学校环境作为影响大学生发展的重要因素，一直是教育领域研究的重点。学校环境的概念有广义和狭义两种。从广义上来说，学校环境指的是一切能够影响学生成长的各类因素，既包括校园内的硬件设施，如图书馆、实验室、体育设施等，也涵盖了校风、班风以及校园文化等。而从狭义上讲，学校环境指的是那些在教育和教学活动之外，影响学生成长的各类因素。这些因素可能来自学校的整体氛围、学生之间的互动关系、校园文化以及社会环境等各方面。研究表明，狭义的学校环境虽然不直接参与教学活动，但却对学生的成长和学习效果产生深远的影响。[①]

关于学校环境的构成，有的学者认为，学校环境应涵盖规章制度、人文因素以及自然环境三大要素，规章制度是保障，自然环境或者说硬件设施是基础，人文环境是软实力，他们相互交织，共同营造出和谐的校园氛围。而另一些学者则持有不同的见解，他们认为学校环境应由教育因素、课堂气氛、教师类型以及同伴关系构成。尽管学者的观点不尽相同，但他们都强调了学校环境对学生发展的重要性。研究表明，学校环境对个体发展具有显著的影响。良好的学校环境可以促进学生的全面发展，提高其学习动机和创造力。相反，不良的学校环境可能导致学生学习障碍或产生行为问题。

综上所述，学校环境是一个复杂而多元的概念，它涵盖了硬件设施、软实力以及各种影响因素。为了更好地促进学生的全面发展，我们需要深入研究和了解学校环境的各个方面，并采取有效的措施来优化和改善学校环境。

---

① 顾明远. 教育大辞典：增订合编本［M］. 上海：上海教育出版社，1998.

二、大学生学校环境现状分析

从表6-9中的数据结果可以看出，大学生对学校环境的满意度得分均在4.79至5.12之间，最低分高于4分，属于中等偏上水平（量表中值为4分），该结果表明目前我国大学生对于学校各方面的硬件设施（如食堂环境、教室环境、图书馆配置等）和软实力（如课堂氛围、规章制度、教师师资水平、师生人际满意评价等）处于较为接受的状态。进一步事后比较发现，学生对于学校的学习环境的满意度是最低的，该结果反映了当前大学生对学校学习环境的要求有所提升。目前很多大学的教室环境、食堂设施、图书馆等可能已经不能够满足学生的需要，有待进一步升级和完善。除此之外，学生对学校的规定和课堂环境满意度也较低，这反映了大学生们对学校规章制度灵活性的渴求和课堂教学环境轻松、能够充分展现自我的需要。

表6-9　大学生学校环境各维度得分情况表

	N	中值	M±SD	F	P	LSD
教师水平		4	5.12+1.01			
学习环境		4	4.79+0.94			
人际环境	1264	4	5.12+1.01	35.828	.000	1/3>4/5>2
学校制度		4	5.02+1.13			
课堂环境		4	5.00+0.92			

三、大学生学校环境与学校适应的相关分析

根据相关分析结果可以发现（见表6-10），大学生对于教师、学习环境、人际关系、学校规章制度、课堂环境等的满意度与学校适应各维度均存在显著正相关，即大学生学校环境满意度越高，学校各方面适应情况越好。其中，对教师的满意度与学习适应、人际适应呈现中等程度相关，这提示我们，具有榜样性的教师能够激发学生的学习兴趣，可以帮助学生更好地掌握知识和人际交往技能，教师的支持和指导也是学生在面对人际交往挑战时的心理资源。其中，人际满意度与人际适应呈现强相关，良好的

人际满意度下，学生能获得更多的支持、理解和友谊。这种良好的人际环境有助于减轻学生压力、促进心理健康。除此之外，舒适、设施齐全的学习环境能够提供良好的学习条件，帮助学生更好地投入学习；公正、合理且清晰的学校规章制度能够维护学生的权益，并提供稳定和有序的校园环境；而课堂环境，包括班级氛围、师生互动等也会影响学生的学习效果和整体适应性。总之，大学生学校环境是影响大学生学校适应的重要因素，要促进大学生学校适应水平的提升，必须重视校园环境的创建。

表6-10 大学生学校环境与学校适应的相关分析

学校适应	学习适应	身心适应	人际适应	就业适应	校园生活适应
教师水平	.418**	.297**	.562**	.377**	.322**
学习环境	.359**	.263**	.411**	.313**	.244**
人际环境	.380**	.389**	.607**	.278**	.443**
学校制度	.303**	.339**	.344**	.149**	.439**
课堂环境	.395**	.296**	.448**	.264**	.354**

第六节 社会环境与大学生学校适应的关系分析

一、当前大学生面临的社会环境现状

如表6-11所示，大学生对当前的社会舆论环境与大学生就业环境的认知评价评分均低于量表中值4分，但总体上处于中等水平，即所调查大学生群体认为当前社会上对大学生的认可度和接受程度处于中等水平，同时认为当前大学生所处的就业环境也一般。同时，T检验结果表明相对社会舆论环境而言，大学生认为他们所处的就业环境更为严峻一些。以上研究结果表明在当前大学教育逐渐普及、大学毕业生日益增多的大背景下，当前大学生群体对于他们在社会上所处的地位和就业环境有着较为清醒和准确的认识，既无明显的盲目自信，也没有妄自菲薄，他们既认识到了大学生群体的优势所在，也认识到当前大学生在就业中面临的巨大压力和严峻形势。

表6-11　社会环境认知评价表

社会环境	N	中值	M ± SD	等级水平	T	P
舆论环境	1264	4	3.94+1.19	中等	1.94	0.05
就业环境		4	3.86+0.79	中等		

二、大学生社会环境认知状况与学校适应的关系分析

为了解当前社会环境对大学生学校适应的影响，研究者分析了大学生社会环境认知与学校适应的相关性，结果见表6-12。结果显示大学生对当前社会舆论环境和就业环境的认知与学校适应状况之间存在显著正相关（除校园生活适应维度外），即大学生对社会环境认知倾向越积极，其学校适应状况越好，但相关系数在0.08至3.40之间，属于较弱的正相关。该结果表明大学生的学校适应状况受到大的社会环境的影响，尤其是社会对大学生群体的认可度和积极评价，以及当前大学生在社会上的就业状况、薪资水平，这些都影响着大学生在学校的学习和生活状况。因此，整个社会有必要为大学生的成长和发展营造一种积极的舆论环境和就业环境。

表6-12　大学生社会环境认知与学校适应的相关分析

学校适应	学习适应	身心适应	人际适应	就业适应	校园生活适应
舆论环境	.229**	.196**	.149**	.146**	.318**
就业环境	.211**	.080**	.148**	.340**	.037

第七节　生活事件与大学生学校适应的关系分析

一、大学生所经历生活事件及其影响程度现状

由表6-13数据可知，大学生所经历的负面生活事件发生频次最高的是人际困扰，其他依次为经济困扰、家庭困扰、学习困扰、其他困扰、情感困扰和惩罚，而健康困扰是大学生经历的频次最低的负面生活事件，且方差分析结果显示除情感困扰和其他困扰发生频次差异不显著外，其他各

类负面生活事件发生频次两两间均存在显著差异。同时，从发生率角度分析，人际困扰、学习困扰和家庭困扰是大学生发生率较高的负面生活事件，其他依次是经济困扰、其他困扰、情感困扰和惩罚，而健康困扰也是大学生经历的发生率最低的负面生活事件。从该结果可以看到，首先，在大学生的日常生活中非常容易遭受人际困扰，如师生关系紧张、宿舍人际关系紧张、被误解被针对等，这些已成为给大学生带来困扰的最重要原因；其次，学业任务重、考试成绩不理想也是给大学生带来困扰的重要原因；再次，复杂的家庭问题，如家庭变故、成员关系紧张等，也是给大学生造成困扰的重要原因；此外，在家庭经济状况和生活成本等因素影响下，经济压力也成为给大学生造成困扰的重要原因。而经历惩罚或健康问题则发生频率较低，给大学生带来的困扰相对较少。这提示教育工作应更多关注存在人际关系问题、学业问题、家庭问题和经济困难的大学生，帮助他们降低或减少这些方面的困扰。

表6-13　大学生生活事件发生频次表

生活事件	N	M ± SD	发生率	F	P	LSD
人际困扰		1.61 ± 1.65	33.2%			
经济困扰		0.96 ± 0.88	19.2%			
家庭困扰		0.85 ± 1.03	28.3%			
学习困扰	1264	0.73 ± 0.70	36.5%	486.22	<0.001	1>5>7>2>3/8>6>4
其他困扰		0.44 ± 0.75	14.7%			
情感困扰		0.42 ± 0.69	10.5%			
惩罚		0.30 ± 0.61	10%			
健康困扰		0.10 ± 0.36	5%			

二、大学生生活事件与学校适应的关系分析

由表6-14中的相关分析结果可以看到，除惩罚与学习适应之间无显著相关外，大学生所经历的各类负面生活事件均与大学生学校适应的各维度存在显著的负相关，但相关系数均在-0.056至-0.284之间，属于弱负相关。该结果表明经历负面生活事件会对大学生学校适应状况产生负面影响，但

这种影响并不强烈。这提示研究者，负面生活事件作为一种消极影响因素，其对大学生学校适应造成的影响可能还受到其他因素的作用。

表6-14 大学生所经历生活事件与其学校适应的相关分析

生活事件	学习适应	身心适应	人际适应	就业适应	校园生活适应
学习困扰	−.196**	−.198**	−.161**	−.147**	−.136**
人际困扰	−.163**	−.284**	−.227**	−.165**	−.171**
家庭困扰	−.106**	−.152**	−.116**	−.121**	−.071*
情感困扰	−.107**	−.219**	−.149**	−.067*	−.160**
经济困扰	−.169**	−.187**	−.122**	−.145**	−.104**
惩罚困扰	−.004	−.123**	−.105**	−.059*	−.056*
其他困扰	−.067*	−.202**	−.150**	−.073**	−.080**

第八节　大学生学校适应的预测模型构建

为了解以上相关影响因素（变量）对大学生学校适应的预测作用，本研究以大学生学校适应总体均分为因变量，以人格特征、社会支持、心理特征、心理健康、社会支持、学业成就、学校环境等各相关因素的各维度，以及性别、年级、生源地、是否为独生子女、是否担任学生干部、是否参加社团等人口学变量为自变量，利用步进法开展多元线性回归分析，结果见表6-15。根据回归分析结果我们可以发现抑郁、主动性、教师满意度、心理韧性、开放性、其他社会支持、学业成绩、专业认同、学校制度、自我效能感、人际焦虑、学业奉献等12个自变量是大学生学业适应的显著预测变量，且共线性诊断结果表明所有显著预测变量的容差值均大于0.3，VIF值均小于3，即各预测变量间不存在多重共线性，它们都是大学生学校适应的有效预测变量。同时统计结果显示回归方程检验极其显著（F=260.33，P<0.001），且以上变量对大学生学校适应的解释率达到71.5%，这表明以上变量对大学生学校适应预测的准确性很高。

根据回归分析结果可以看到，大学生心理健康状况（抑郁）、学校环境（教师满意度与学校制度）、个人人格特征（主动性与开放性）、个人学业成就（学业成绩、人际焦虑、学业奉献）、个人心理特征（心理韧性与自我效能感），以及社会支持（其他社会支持）等各类因素都可以有效预测大学生学校适应状况。根据皮亚杰的观点，适应的本质在于取得机体与环境的平衡。而大学生进入大学后，面临全新的环境（学校、人际、教学方式）和发展任务（学习、就业），如何实现与新环境、新的发展任务平衡是学校适应的本质内容。而个体心理健康状态如何（如抑郁水平），是否愿意积极了解和接纳新环境、新任务（人格上的主动性、开放性），个体对自身能力是否自信（自我效能感），在面临新环境、新任务时承压能力如何（心理韧性），是否能够得到外界的支持和帮助（其他社会支持），所进入的新大学提供的各类条件（学校环境如学校基础设施、师资水平、学校管理制度）是否能满足其基本需要，所学的专业自己是否喜欢和感兴趣（专业认同）等都是影响大学生是否能与新环境、新的发展任务达成平衡的关键影响因素。因此，通过以上的统计分析，本研究认为以上因素都是影响大学生学校适应水平的关键因素，是提升和改善大学生学校适应状况的有效着力点，也应该是构建大学生学校适应教育体系的关键着力点和出发点。

表6-15　大学生学校适应的回归分析结果

自变量	标准化回归系数	t	P	容差	VIF	R2	F	P
抑郁	-0.273	-10.47	<0.001	0.33	2.98			
主动性	0.11	4.91	<0.001	0.45	2.20			
教师满意度	0.068	3.07	0.002	0.46	2.15			
心理韧性	0.202	9.56	<0.001	0.51	1.95			
开放性	0.113	5.95	<0.001	0.63	1.58			
其他社会支持	0.08	3.86	<0.001	0.53	1.88	0.715	F=260.33	P<0.001
学业成绩	0.09	5.02	<0.001	0.71	1.40			
专业认同	0.087	4.59	<0.001	0.64	1.56			
学校制度	0.08	4.28	<0.001	0.66	1.51			
自我效能感	0.06	2.815	0.005	0.50	1.99			
人际焦虑	-0.062	-2.429	0.01	0.35	2.85			
学业奉献	0.044	1.957	0.05	0.46	2.17			

第七章　大学生学校适应现状
及对个体发展的影响

第一节　大学生学校适应对学业成就的影响

一、学业成就概述

学业成就是学生在某一时期内学习上表现出的行为、对待学业的态度以及所收获的结果的总和，主要包括大学生行为绩效和客观成绩两个部分[①]。

在国内外对学业成就的研究中，国外较国内有更加详细的研究体系。国内的研究者虽然关于学业成就的研究有很多，但大多把重心放在探讨学业成就的内在影响因素上。[②]关于学业成就的内在影响因素，主要有情绪智力、积极心理资本、学习动机、成就动机等。其中，杨娜的研究表明，情绪智力对学业成就不具有直接的影响作用，而是通过中间变量来间接影响学业成就[③]。刘文昱等人的研究表明，大学生的成就动机与学业成绩之间呈现显著正相关，在追求成功和逃避失败的动机水平上，与学业成绩之间分别存在正向和负向关联。在影响学业成就的外因方面，大部分的研究都将目光放在家庭背景对学习成就的影响上。曹美琦的研究显示，不同家庭背景下成长起来的学生学业成就间存在差异，其中高级知识分子家庭和城市

---

① 王雁飞，李云健，黄悦新. 大学生心理资本、成就目标定向与学业成就关系研究［J］. 高教探索，2011.

② 朱生营. 大学生学业成就研究综述［J］. 教书育人，2016.

③ 杨娜. 大学生情绪智力、自我效能感与学业成就关系研究——以地方高校为例［D］. 曲阜师范大学，2016.

家庭的学生相较于知识水平较低的家庭和农村家庭学生表现出更高的学业成就；而弱势家庭学生在学业适应等方面表现出更多的不适应[①]。此外，课堂形式也是影响学业成就的一个因素。王琦的研究表明，混合课堂使学习者的平时及期末成就都显著低于传统课堂[②]

综上所述，学业成就的影响因素是多方面的，为了提高大学生的学业成就，需要综合考虑这些因素，并采取有效的措施来促进学生的学习和发展。同时，未来的研究可以进一步探讨学业成就的内涵和外延，以及不同因素之间的相互作用机制，为提高大学生的学业成就提供更加全面和深入的理论支持和实践指导。

二、大学生学业成就现状分析

根据表7-1可知，我国大学生目前学业成就各维度得分在4.023至5.296之间，该数据结果说明，我国大学生目前学业成就水平一般，处于中等偏上水平，且各维度分数跨度较大，发展不均衡。进一步方差分析发现各维度间差异达到显著水平，事后检验结果为：人际焦虑>学业绩效>学业奉献>客观成绩，通过对学业成就的维度得分比较，大学生人际焦虑得分是最高的，这说明大学生群体是一个关心同学的群体，待人较为友好、体贴，能够公平地对待他人，表现出这一群体善良、淳朴的本质特征。除此之外，在大学生学业成就各维度上，大学生对自己客观成绩的评价是最低的，学业奉献和绩效都高于客观成绩。这说明大多数大学生都能够及时完成学业上的任务，努力完成自己的学习目标，积极主动解决学习中存在的困难和问题，也就是他们在学习的过程中是较为积极的。但是到结果评价时，就认为自己学习成绩一般、各类活动表现平平，自我评价客观成绩较差。这反映了大学生们认为自己学习过程较为努力，但得到的结果并不满意。研究认为，导致这一结果的原因可能与高校教育中不重视学生学习能力培

---

① 曹美琦. 家庭背景对大学生学业成就的影响研究［D］. 浙江师范大学，2018.
② 王琦等. 大学生动机信念，自我调节策略对学业成就的影响——基于传统课堂与混合课堂的比较研究［D］. 华中师范大学，2015.

养、过于放手让学生自我发展有关。

表7-1 大学生学业成就各维度得分情况表

	N	中值	M	SD	F	P	LSD
学业绩效			5.139	0.978			
人际焦虑	1264	4	5.296	0.998	671.000	.000	2>1>3>4
学业奉献			4.863	1.174			
客观成绩			4.023	1.243			

三、大学生学业成就与学校适应的相关分析

将大学生学业成就各维度与学校适应各维度进行相关分析，结果可知（见表7-2），所有维度之间均存在显著正相关，在多个维度上，相关系数达到0.5，即中等程度相关水平。该结果说明大学生学业成就与学校适应有着密切关系，根据相关理论和研究结论，本研究认为大学生学业成就与学校适应两者相互影响。即学业成就越高，大学生越能够更好地学习，人际适应状况越好，对就业也越适应，校园生活越满意。同时学校适应更好的大学生，也更愿意在学业上投入更多精力，付出更多努力，学习效率更高，也更容易取得良好的学业成绩，获得更多人的认可和尊重，人际适应状况也更好。

表7-2 大学生学业成就与学校适应相关分析

	学习适应	身心适应	人际适应	就业适应	校园生活适应
学业绩效	.475**	.309**	.520**	.373**	.342**
人际焦虑	.398**	.286**	.596**	.308**	.355**
学业奉献	.467**	.265**	.508**	.433**	.314**
客观成绩	.343**	.078**	.255**	.318**	.148**

第二节 大学生学校适应对主观幸福感的影响

一、主观幸福感概述

主观幸福感是一个复杂的概念，其研究涉及多个领域。目前的研究主

要集中在概念界定、研究工具的开发与应用、不同对象群体积极心理资本的现象调查以及影响因素等方面。主观幸福感作为衡量个体生活质量和幸福程度的重要指标，一直是心理学和社会学领域研究的热点。

主观幸福感（Subjective Well-being，简称SWB）是指个体依据自己设定的标准对其生活质量所作出的整体评价，是衡量一个人幸福程度的重要指标。Diener认为，主观幸福感包括认知和情感两个层面，即个体对生活质量的整体评价以及情感体验。国内研究者也普遍认为，主观幸福感是个体对其生活质量按照自己的标准所作出的自我评价[①]。在主观幸福感的研究中，主要采用问卷调查法进行测量。其中，由Campbell等编制的幸福感指数量表（IWB）、美国Diener等人编制的涵盖整体生活满意度量表与情感体验量表，以及ED Diener等人编制的《国际大学调查》量表等具有较高的信度与效度，被广泛使用。此外，国内研究者也对主观幸福感的测量工具进行了编制和修订，如段建华在1996年修订的《主观幸福感量表（GWS）》等[②]。

主观幸福感的影响因素包括内部因素和外部因素。内部因素主要包括个体的人格特质、情绪智力、自我效能感等心理因素，而外部因素则包括家庭背景、社会环境、经济状况等环境因素。研究表明，不同年龄阶段和不同对象群体的主观幸福感存在差异，影响因素也不尽相同。例如，王棹等人的研究发现，老年人的主观幸福感受养老方式、焦虑情况、医疗付费方式、经济来源、与子女关系等因素影响[③]；而罗涤等人的研究则发现，家庭经济困难的学生群体的主观幸福感程度明显低于普通家庭的学生群体[④]。另外，研究表明，不同年龄阶段的人具有不同的主观幸福感，并且影响因素也不同。例如，严凤平、陈小莉的研究结果表明流动儿童的主观幸福感处于中等水平，比城市儿童的主观幸福感低[⑤]；赵冬调查发现，初中生的主

① 陈秀娟. 大学生的主观幸福感及其培养［J］. 健康教育培养，2008.

② 段建华. 总体幸福感量表在我国大学生中的试用结果与分析［J］. 中国临床心理学杂志，1996.

③ 王棹，杨红，姚秋丽，孙梦妍，张雨，李嘉仪. 老年人主观幸福感及其影响因素的调查研究［J］. 中国社会医学杂志，2022.

④ 罗涤，李华. 家庭经济困难大学生主观幸福感状况分析［J］. 中国青年研究，2008.

⑤ 严凤平，陈小莉. 流动儿童主观幸福感现状、影响因素及其提升策略［J］. 中小学心理健康教育，2021.

观幸福感处于中等偏上水平，且低年级群体数值更高[①]；周巾裕在调查中发现，有留守经历的大学生生活满意度比没有留守经历的大学生要低，并且有留守经历且是单亲家庭的大学生有更深程度的消极情绪[②]。

二、大学生主观幸福感的现状分析

由表7-3统计结果可知，大学生主观幸福感低于量表中值，但整体上处于中等水平，即大学生主观幸福感现状一般，处于中等水平。该结果表明在当前学业任务和内外环境影响下（见前文生活事件调查分析结果），大学生主观幸福感并不高，这将直接影响到大学生生活质量和获得感。

表7-3　大学生主观幸福感现状分析表

	N	中值	M ± SD	等级水平	T	P
主观幸福感	1264	4	3.69+0.55	中等	−26.74	<0.001

三、大学生学校适应对其主观幸福感的影响作用分析

为探讨大学生学校适应对其主观幸福感的影响，研究者对大学生学校适应与主观幸福感相关性进行了分析，结果见表7-4。相关分析结果表明，大学生学校适应与主观幸福感各维度间存在显著正相关，且相关系数在0.510至0.570之间，属于中等程度的正相关。即大学生学校适应各维度水平越高，主观幸福感也越强。这表明大学生学校适应是其主观幸福感的重要来源，提高大学生学校适应水平有助于其主观幸福感的提升。

表7-4　大学生学校适应与主观幸福感的相关分析表

	学习适应	身心适应	人际适应	就业适应	校园生活适应
主观幸福感	.510**	.538**	.570**	.545**	.510**

① 赵冬. 初中生主观幸福感现状及干预建议［J］. 云南教育（视界综合版），2022.

② 周巾裕. 贵州省曾留守大学生主观幸福感的现状研究［J］. 太原城市职业技术学院学报，2022.

第三节 大学生学校适应对心理健康的影响

一、大学生心理健康问题现状分析

通过对大学生心理健康现状进行调查，数据结果显示（见表7-5），大学生心理健康各维度均值在2.82至3.57之间，低于理论中值4分，该结果表明大学生总体心理健康状况较好，同时各维度均分在2分以上，说明大学生存在着一定的心理健康问题，但均未达到严重程度，即大部分大学生处于心理亚健康状态。

对心理健康内部因素之间进行重复测量方差分析发现，大学生心理健康问题各维度之间存在显著差异，事后检验结果为抑郁>自卑>人际焦虑>网络成瘾>敌对。该结果表明我国大学生心理健康问题表现在不同的方面，且各方面严重程度不一，其中最为突出的是抑郁、自卑以及人际关系问题，而网络成瘾和敌对问题相对没有那么严重。这一结果显示了当前大学生抑郁情绪问题较为严重，自卑、人际焦虑等内在心理困扰突出。我们往往认为大学生总是在上网，网络成瘾现象肯定严重，但结果显示，大学生的网络成瘾问题不及抑郁、自卑等问题严重。这一结果说明，网络使用行为这一外显性问题行为更容易被发现从而被高估，而自卑、人际焦虑、抑郁等心理健康问题有着较强的内隐性，极其不易被察觉，其严重性被极大地低估了。

网络成瘾问题程度较低可能是因为当前大学生积极投身社会实践、学习、娱乐等活动，业余生活较为丰富多彩。敌对得分较低体现了大学生群体与人为善，对待他人友善和气，对于外界较为包容的积极态度。

表7-5 大学生心理健康问题现状分析

	N	M	SD	F	P	LSD
抑郁		3.57	1.25			
网络成瘾		2.90	1.31			
敌对	1264	2.82	1.24	289.85	.00	1>4>5>2>3
自卑		3.46	1.24			
人际焦虑		3.18	1.20			

二、大学生心理健康问题与学校适应的相关分析

大学生心理健康问题与学校适应的相关分析结果显示（见表7-6），大学生各类心理健康问题与学校适应各维度均存在显著负相关，其中心理健康问题各维度得分与身心适应、校园生活适应以及学校适应总均分负相关水平均达到中等程度。根据适应理论，大学生学校适应影响其心理健康，但与此同时大学生心理健康状况也是影响其学校适应的重要因素。笔者调查结果表明，大学生心理健康问题程度越严重，如个体越自卑、敌对越明显、人际关系越焦虑，他们在学习、人际关系、校园生活方面越不适应。但与此同时大学生学校适应状况越好，他们面临的抑郁、自卑、网络成瘾等方面的风险也越小。

表7-6　大学生心理健康问题与学校适应的相关分析

心理健康	学习适应	身心适应	人际适应	就业适应	校园生活适应	学校适应总均分
抑郁	-.467**	-.622**	-.448**	-.312**	-.562**	-.671**
网络成瘾	-.370**	-.385**	-.365**	-.189**	-.506**	-.502**
敌对	-.311**	-.450**	-.359**	-.124**	-.487**	-.481**
自卑	-.451**	-.534**	-.445**	-.338**	-.551**	-.645**
人际焦虑	-.426**	-.503**	-.511**	-.268**	-.588**	-.636**
心理健康问题总分	-.465**	-.572**	-.487**	-.282**	-.618**	-.673**

第八章　大学生学校适应面临的
挑战及原因

当前，全社会对大学生的培养投入不断加大，对大学生的要求相应地提高，这就要求大学生们必须在大学期间努力学习，在学业上不断进步；主动开放，在人格上不断完善自我；着眼实践，在综合能力上不断提升，做一个青春向上、奋进努力的时代青年。但在现实情况中，许多大学生没有学习目标，学习过程被动且懈怠，对就业方向迷茫、消极且不进行职业探索；在人际关系方面与他人相处困难，没有自己的朋友圈子，想要融入群体但总是形单影只；身心方面常常感到内心苦闷、无所适从、郁郁寡欢，容易头晕、患有睡眠障碍等。上述现象都是学校适应不良的典型症状，它们消极影响着大学生群体的发展与提升，阻碍着他们的学习与进步。笔者通过对大学生群体学校适应各种可能的影响因素进行深入调查，发现导致大学生学校适应不良的原因既包括大学生自身成长环境、人格特质、心理韧性等内部因素，也包括学校人文环境、物质条件、文化氛围、社会支持等外部因素。

第一节　内生发展动力不足，缺乏发展动机

埃里克森认为，人类人格的发展有着一定的规律，不同的时期有着不同的任务，随着任务变化，个体不断进行学习，从外界规范不断进行内化，从而习得一套自我成长、自我提升的模式[①]。在小学阶段，小学生要依

[①] 埃里克森. 孙名之，译. 同一性：青少年与危机［M］. 杭州：浙江教育出版社，1998.

靠家庭和学校教育，获得行为规范、社会、生活所需知识技能。小学生主要的学习内容来自家庭的教育、老师的榜样示范、各种媒体展现的内容等等，除此之外，儿童对自己的评价也来自外部。也就是说，在这一阶段，儿童主要的发展动力来自外部的推动。到了中学阶段，青少年们的发展任务和发展动力开始由外部转向内部，他们开始建立自我同一性。所谓自我同一性，本质就是内在自我与外界要求的自我达到统一。这时候青少年就要学会辨别外界环境的影响，并且逐渐开始产生自我意识，将个体成长发展的动力转向内部。到这一时期，个体会产生我从哪里来，生存的意义是什么等众多关于自我的疑惑，当他们在这个成长过程中顺利解决自我同一性发展的问题，便能获得关于较为强大的内在动力。他们逐渐学会主动探索世界，主动完善自我，追求自己的理想，完成自己想做的事情。与之相反，无法完成的个体便依然会把自己等同于外界，成长与发展主要由外界推动。

大学阶段，也就是成年早期，是青年最有朝气、有活力的时期，这一时期个体的自我意识高涨，应该是自我发展要求最为强烈的时候，个体应蜕变为在内在推动下成长与发展的一个相对独立的社会个体。但是在现实生活中，许多大学生无法完成这一任务。从调查结果可以看出，除了身心和环境外，在学习、人际关系、就业等多方面，独生子女均表现得比非独生子女更为优秀。其原因主要是相较于非独生子女，独生子女获得来自家庭培养后代的所有资源，更加有利于个体的发展。研究表明，独生子女获得的家庭教育资源显著超过非独生子女，家庭子女越多，孩子获得的家庭资源越少[①]。

但正如前所述，大学生的发展应主要依靠内生动力，成为独立自主的个体，而不是依赖家庭环境的影响，这一现象说明大学生们内生发展动力不足，过于依赖家庭，自我提升能力较差。在现实工作中，这样的现象也比比皆是。例如，有的大学生被问到为什么读大学，他们会回答，"我

---

① 杨菊华. 生育政策、姊妹结构与教育福祉关系研究［J］. 南京人口管理干部学院学报，2010.

爸妈想让我读大学，我也不知道想做什么就来了"。以至于在大学期间除了完成父母要求的学习任务外，其他时间感到无所事事，对校内活动没有兴趣，实践活动也不参加。这些学生临近毕业，往往也听从父母要求，考公、考研、考编等等，连基本的职业探索都不去参加。不论是从研究结果来看，还是根据现实情况观察，都可以发现，现阶段许多大学生还没有做到真正的心理"断乳"，没有强烈的自我发展的动机，这种内生动力的缺乏，直接或间接导致他们没有非常明确的发展目标，继而便无法长时期维持、调节自己的行为来达到目标。因此，在学生培养上，需要更加注重对学生内生动力的挖掘和培养，提升大学生自我发展、自我提高的能力。

第二节　自我管理能力较差，调控能力不足

研究发现大学生缺乏良好的自我管理与控制能力，学习、生活、自我发展等过于依靠外界的安排与推动，如缺乏时间合理规划、正确利用、良好管理的能力，对自我缺乏较为独立客观的评价及调控机制，独立性不足，学校学习氛围、课堂情况、教师风格等对其大学适应产生着巨大的影响。

调查显示，91%的大一新生都参加了学生社团或组织。当大学生初入校园，便会被学校各类社团、学生组织招募，成为组织干事，他们成为这些组织的主要组成人员。绝大多数大一新生是在参加组织或社团的活动中度过的，组织中繁忙的工作和社团丰富多彩的活动安排推动着他们度过大学生活。一项关于大学生闲暇状况的调查也反映了大学新生的自由时间是较少的，该调查显示，有近半数的大一新生每日闲暇时间在3小时以下，相较于大二以上每日3—5小时的闲暇时间[①]，大一新生可自由支配的时间就很少了。

到了大二，学生的自由时间、能够自行自我安排管理的机会明显增加，

---

① 庄少琼. 大学生闲暇状况调查与分析——以广州大学城学生为例［J］. 吉林广播电视大学学报，2011.

但学生却无法合理利用，反而不适应。绝大多数学生会脱离组织和社团，不再承担这些工作，只有极少部分同学经过选拔成为学生干部继续留在组织之中，依然保持工作状态。学校的各种会议或者报告会也几乎不再安排他们，让他们能够自行安排时间，这给予大学生足够的自我探索、发展各项技能、培养锻炼自我的机会和时间。但研究却发现，到了大二，学生在学习上出现了明显的适应不良，他们对自己的学习能力感到怀疑，对学习的目标、目的感到迷茫，在对自己的未来就业方向和就业态度上，同样产生明显的困惑和消极态度，对已经生活一年的学校感到诸多不适应，身体上出现睡眠障碍，心理上出现烦躁、焦虑等不良情绪。例如大学生最为重要的学习任务是大学生活中最为枯燥无聊的事情，但是大一的学生却能够很好地适应大学的学习，反而到了大二，他们的学习适应能力变差。他们无法合理安排自己的学习时间与课余时间，对学习缺乏目标与动力，从而产生自我否定与怀疑。这一阶段持续到大三，通过一年的自我控制管理学习与锻炼，这种情况才得以改善。

如前所述，大一新生每天都在各种活动、组织工作之中度过，他们没有较为富余的时间可以自行安排，也没有多余的机会进行自我反思与完善。他们更多地在被支配着前进，不需要太多的自我管理，这种模式与高中较为类似，主要依靠老师、学校、规则等推动。到了大二，就需要大学生拥有自我调节的能力，通过自我内在各项能力的评估，确定需要自我完善的地方，并在此基础上，建立自我完善的管控机制，从而进行自我管理与提升。但是，由于学生缺乏时间管理的能力，过于依赖外界（如学生活动、组织工作）来推动自我发展，一旦失去外力影响，他们就会感到迷茫与无所适从，产生以上种种适应不良的问题。

大学生对于外界的依赖还可以通过学校环境与学校适应的关系进行证实。本研究发现，大学生对学校环境的整体满意度处于中等水平，尤其对于学习环境、课堂氛围、学校规章制度等评价较低。而对于学校的满意程度与大学生学校适应各维度均存在显著的正相关，即学校的环境越令学生感到满意，他们的学校适应水平越好。但外部的物质环境不是决定一个人个体发展的条件，自我的鞭笞与管理才是个人成才的关键。而相较于前人的学习环境，当前大学生的学习环境已经发生了天翻地覆的变化，他们有宽敞明亮的教室，安静祥和的读书环境，不愁吃穿、冷暖，有学识渊博的老师们进行知识的传授，学校环境已经足够良好，但学生们依旧有许多不满意，从而影响了他们的学校适应。这正说明了大学生们容易受到外界环境的影响、成长与发展也主要依靠学校的安排与培养、自我内生调节控制能力不足的现实情况。

第三节 缺乏科学指导，适应教育效果不佳

学校对大学生的适应教育时间过短、安排过于集中，缺乏对除大一新生外其他年级的学生进行学校适应指导和适应教育设计。当前高校教育中，普遍较为重视大一新生的学校适应教育，为了促进新生适应大学的学习、生活节奏，在课程设计、培养目标、适应辅导与教育、活动开设等方面都给予了足够的设计，但对于其他年级则不够关注，甚至不管。在课程设置上，对大一新生较为关注，开设的专业课程很少，主要以公共课和课外活动为主。到大二后，专业核心课、专业选修课等难度较大、专业性较强的专业课程同时开课，导致许多学生进入大二无法跟上专业课程的学习，对自我学习能力产生强烈的怀疑。除课程压力外，其他年级较少受到心理健康的关注，接受相关培训。大多数学校只关注大一新生的心理健康，例如开设心理健康教育课程，开展心理调适讲座、活动、测查等，包括学校入学教育等都只在学生大一阶段开展。最为直接的体现就是高年级学生在学习适应、身心适应、就业适应、校园生活适应等方面都差于大一学生。

在学校适应教育的设计上，缺乏科学的指导，除常规的心理健康公共课程和入学教育外，缺乏对不同性别学生的有针对性的适应教育。当前的学校适应教育主要以入校前发放告知书、入校后进行校园生活介绍、学习上开设心理健康咨询、大四开设职业生涯规划课程等形式开展，没有一个整体的、由内到外、从大环境到个体的设计。大学生处于成年早期，他们的生理发展趋于稳定，心理发展不断趋于成熟，情感体验更为成熟与稳

重，开始养成较为固定或习惯化的生活方式，是大学生良好个性塑造养成的关键时期。但是，研究发现，由于大学缺乏相应的男女差异性适应教育，导致他们在就业适应、校园生活适应上产生了较大的差异。

实际上，这一时期的男生和女生在各方面的发展速度和水平是不一样的，他们面临的困惑与疑问也是不一样的。通过研究可以看出，男女生对于就业的知识、教育等方面的需要和校园生活适应的状况都是不一致的。研究结果显示，男生比较容易受到校园生活环境的影响，他们不擅长处理校园中的各种生活问题，对于校园生活的变化感受到的更多的是无奈与烦躁，总是感觉在大学无所适从，浑浑噩噩，导致部分男生沉迷于网络游戏，用网络消磨自己的时间与意志，失去对大学生活的主导权。而对于女生来说，她们所需要的与男生并不一样，她们能够较好地调节自我与外界的关系，更加容易适应大学生活，但在与就业有关的问题上就显得较为弱势。研究数据显示，女生的就业适应水平低于男生（3.99<4.25），还未达到中等水平。但同样的，由于男女适应教育缺乏针对性，女生并不能够从学校提供的大学生职业生涯规划课程或者就业培训等课程或活动中获得相关的职业知识，明确其未来就业方向，提高其就业的自信心。由此可见，学校适应教育内容上的设计是存在一定问题的，这种问题导致学校适应教育成效不佳。

除上述问题外，适应教育缺乏整体性、规划缺乏前瞻性、设计缺乏系统性，也是导致适应教育效果不佳的重要原因。现阶段，学校适应教育主要是各部门或学院自行安排，但这些部门之间、学院与部门之间几乎不进行合作，未进行系统性的安排与考量，因此设计的教育模式缺乏系统性。如在部分高校，他们的招生就业处与心理咨询中心同属于一个部门管理，那么，在设计与就业有关的教育课程中，就会融入就业心理的内容，对大学生就业心理进行系统性的教育，可以建立起就业心理现状调查—就业心理、就业知识培育与课程设计—职业课程实施—就业心理、职业能力评估这样一套有计划、有设计、有过程、有结果的完整的就业适应教育体系。[①]

① 赵志清，汪毅敏，王萍萍. 高校新生入学教育国内外现状分析与发展策略［J］. 大学教育，2019.

但在部分高校，各学院之间对于学生在校情况并不关注，只是根据学校或者学生管理部门的要求，在要求的时间开展工作。例如，有的学校并不重视大学生思想政治教育，他们的马克思主义学院在课程中没有融入合适的大学生理想、信念教育内容，学校各部门也只根据上一级指示，在各种重要节日安排一些活动或者实践，这种浮于表面的教育不仅没有把大学生的适应教育落到实处，反而使得学生对适应教育产生厌烦情绪，让学生感觉被安排完成学校的任务，产生逆反情绪。加强各部门或学院的合作，统一设计规划，是提升大学生学校适应教育成效的重要方法。

第四节　积极心理品质不足，适应能力较弱

研究表明，积极心理品质与大学生学校适应各方面均存在显著正相关，即积极心理品质得分越高，他们的学习适应得分越高。由此可见，积极心理品质是保障个体心理健康发展的重要基石，也是帮助个体应对困难、直面挫折的重要保障，该品质能够帮助大学生群体应对校园中负面生活事件，帮助他们顺利解决不同阶段可能遇到的发展问题，促进大学生学校适应能力的发展与培养。

大学生本是最为朝气蓬勃的年轻人，特别是当代大学生，从小就享受着社会迅速发展的福利，享受优越的物质条件，有优质的教育资源，父母大多接受过一定程度的教育，家庭成长环境也较好，他们本应有良好的心理品质，能够较好应对面临的困难。但在本研究中却发现，大学生的积极心理品质严重不足，学校适应能力较弱。研究数据表明，大学生群体心理韧性差，遇到困难容易受到挫折和打击；自我效能感水平低下，对自己的能力整体评价较差，容易产生退缩、放弃等想法；人格开放程度低，不愿意接纳与自己不同的观点或者做法，较为固执己见；存在着自卑、抑郁等消极的心理状态。

良好的心理韧性是大学生心理健康的重要组成部分，也是大学生身心全面发展的重要保障，能够缓解大学生学习上的压力与紧张，帮助应对大

学生活中的种种困难与挫折①，从而更好地适应大学生活。在本研究中，大学生群体的心理韧性水平仅达到中等水平，也就是说，当大学生面对工作的失败、情感的挫折、人际交往的伤害等消极事件时，他们的心理韧性水平不足以帮助其很好地摆脱当下的困境。研究认为导致这一现象的主要原因在于，家庭挫折教育的缺失；经历的困难、苦难较少；社会对青少年的过度保护等。

如前所述，当代大学生的父母大多对于自己的子女在物质上不会苛责，他们会尽量把好的东西给子女。此外，父母对于孩子的培养更加注重学习、综合能力的提升，甚至有一些过度教育，导致这些孩子在心理品质上的发展受到限制。一项调查显示，绝大多数的父母都给自己的孩子报过许多辅导班，"不能让孩子输在起跑线"是他们大多数人的信念②，但恰好是这种对于孩子过于苛刻的教育和各种培训、兴趣班，挤占了孩子正常发展的时间和机会，他们没有时间、机会去尝试错误，承担后果，所有的一切都是家长提前向他们灌输的经验，而非他们自己获得的，这使他们到了大学阶段都没有独立的做事能力和面对困难的勇气，因而当出现给自己带来伤害的事件时，他们很难去面对和克服。由此可见，家庭对学生的过度保护会直接降低大学生学校适应的能力。

除了家庭的原因，社会、学校等对于青少年的过度保护也是导致青少年心理韧性较差的重要原因。实践出真知，他人的经验永远不能真正代替自己经过体验所得到的经验。大学生心理韧性水平低的本质实际上源于未知，对于困难、挫折产生必然性的无知，对应对失败的方式方法的无知，对这些失败、困境可能造成的后果的无知。现阶段，学校都在保护学生，社会也对学生群体过于关心和呵护。就这样，学生成为温室的花朵，听不得一点儿违背自己意愿的言语，受不得一点儿委屈，见不得一点儿对自己不公平的事情。当他们离开父母的保护，来到大学这个类似真实社会的环境中，他们就会感受到来自外界满满的"恶意"，遭

---

① 邓雨婷，陈晶，余晓敏，熊享涛. 大学生心理韧性与压力的调查研究［J］. 卫生软科学，2020.

② 郭冠群. "80后""90后"幼儿家长的教育观念调查研究［J］. 教育观，2021.

受到许多不曾见过的风浪与挫折。真正的爱护是促进学生成长，而非是过度的保护，不论是学校还是社会，都应该采用正确的方式方法来教育学生，促进大学生不断提升自己应对外界的能力。

除此之外，大学生群体的自我效能感也较差，这表明他们在面对困难或问题的时候，对自己的信心不足，容易对自己的应对解决能力产生怀疑。直接后果就是当遇到有难度的事情或者对于未知的事件预判到可能的风险时，他们会对自己毫无信心，直接选择放弃或者逃避，这不仅不利于学生面对问题、处理困难，反而使得他们习惯于采取逃避的方式解决问题，再次降低自我效能感，成为恶性循环。如此往复，个体极容易成为一个没有担当、没有勇气的人，不论遇到什么样的困难，都无法有效地应对。班杜拉的自我效能感理论认为，自我效能感不是天生就有的，而是源于以往成功或者失败的经验、从他人那里获得的示范作用、个体情绪或生理发展的特征等多个方面①。其他学者研究发现，他人的评价、社会劝说等也是影响个体自我效能感的重要因素。通过前人的研究，可以发现以上因素是影响个体自我效能感的重要因素，那么具体到大学生身上，导致他们自我效能感较低的原因是什么呢？

笔者认为，其中既有时代特色的影响，也有高校教育体制的责任，同样，家庭教育的缺失也有不可推卸的责任。社会上现在非常流行"内卷""躺平"等网络用语，这些词汇反映了当下社会个体之间竞争激烈的现象。"内卷"放到大学生中的就是指相较于以前的大学生能够分配到合理的培养资源，现在他们需要付出更多的努力去竞争有限的资源，从而导致努力与收获比例下降的现象。如在职业探索上，过去，大学生人数较少，需要大学生的社会岗位较多，能够获得一个青年大学生劳动力（不论是做兼职还是全职）对于公司或企业来说都是很难得的。那么，大学生不论是在校期间想要找一份兼职，还是毕业后找工作，这些职业探索行为都让他们容易且能够获得不错的报酬。但现在的情况却发生了很大的变化，因此大学生在进行职业探索的过程中就需要付出更

① 陆楠，王欲晓. 关于学习自我效能感的研究理论［J］. 宿州教育学院学报，2011.

多的努力。"内卷"在一定程度上能够促进个体不断进步，增强个体整体能力，但更可能的还是导致"躺平"现象的出现。当大学生们认为即使自己努力了也总是失败，或者自己付出的努力远大于自己所得到的回报，那么他们就会对自己产生不自信的想法，当需要解决问题的时候，就会出现退缩、回避等行为。高校教育体制中，重视对学生专业能力培养，轻视对大学生实践能力的锻炼与培养，重视外在安全稳定，忽视大学生心理品质的关注等也是导致大学生积极心理品质不高的重要原因。通过以上分析可知，文化、高等教育中的问题都会对大学生的自我效能感产生负面作用，导致大学生放弃"抵抗"大学中的困难，听之任之。

第五节　资源利用能力差，自我提升意识不够

适应的本质是个体应对当前新的改变和环境，使自己得到发展与成长。影响个体适应的重要因素之一就是个体对于已有资源的利用程度。本研究主要调查了大学生社会支持状况、学校环境、学生团体情况等外在社会资源的满意程度或者利用情况。研究发现，目前大学生的社会资源还是比较丰富的，对学校的各方面评价都较好，学校团体等发展较好，加入的学生大多都能够得到较好的锻炼。但这种种良好的发展资源却没有被学生很好地利用，大多数情况被忽视了。该结果表明大学生群体常处于较为被动的发展之中，无法积极调动资源应对当前的困难；积极主动自我提升、自我锻炼的意识不够，导致其不能较好地适应学校教育、学校生活、学校环境等。

刘晓等人认为社会支持是个体通过所在的社会人际关系，获得的精神与物质上支持的总和，社会支持能够缓解个体面对危机或困难时的应激反应，调节个体心理状态，提高个体的适应能力[①]。由此可见，社会支持实际上是人们感受到的来自他人的关心和支持，个体与他人、外界建立的互

---

① 刘晓，黄希庭. 社会支持及其对心理健康的作用机制［J］. 心理研究，2010.

相帮助的相对稳定的一种关系，这种关系让他们在需要的时候，能够获得来自其他成员情绪、情感上的关心，物质上的帮助和给予，帮助个体应对生活中的问题、解决危机，同时能够使得个体之间保持信息的互通，促进个体社会化的发展。本研究结果显示，大学生社会支持得分与学校适应存在着显著的正相关，即社会支持得分高的大学生学校适应比较良好。由此可见，社会支持能够对学校适应产生积极的作用，提高大学生学校适应能力，即社会支持是帮助大学生学校适应的重要资源。

笔者从朋友支持、家庭支持和其他支持几个维度对大学生的社会支持现状进行了调查，数据结果显示，大学生获得的社会支持得分均高于5.26，其中朋友支持得分为5.21，该结果说明大学生群体有着较好的社会支持系统，他们的社会关系网络良好，大多数学生在遇到生活、情绪上的困难或者开心需要分享时，能够有朋友与其共同分享，会给予其支持和鼓励，帮助其应对。但与此相对应的现实情况却是，大学生的学校适应情况没有得到社会支持的提升帮助，这表明大学生群体不能够充分利用社会支持资源，帮助自己适应学校。那么在访谈中也发现，很多大学生几乎很少与家里人沟通学校的事情，不论是学习上还是生活上的困惑，他们更多的是从家庭中获得物质或者广泛意义的安慰、鼓励等。对于朋友亦是如此，他们不懂得如何从家人、朋友处获得相应的支持与帮助来解决有关学校生活中困惑。造成这种现象的主要原因可能是由于含蓄、内敛等集体潜意识的影响。含蓄、内敛是中国人性格的一大特色，也是一种集体潜意识，它存在于中国人的血脉之中[①]，不论是委婉动人的爱情故事，还是古典文学中"只可意会，不可言传"的意境描绘，无一不体现中国人含蓄、内敛的特征。但这种委婉在实际生活中，却可能让自己的思想或者情感不能被完全表达出来，而对方也无法了解其意图和想法，进而无法对其进行帮助。因此，大学生不懂得正确进行自我表达、利用社会支持资源、适应大学生活问题是大学生适应不良的影响因素之一。

除社会支持外，环境也是个体适应的重要资源，本研究中把学校内

①杨艳. 中国人的双重性格：含蓄内敛与开放热情［J］. 哈尔滨职业技术学院学报，2012.

的所有的环境因素统称为学校环境，他们综合作用于个体，是影响大学生学校适应的重要因素。具体而言，这里的环境因素包括：学校规章制度，食堂、教室、图书馆等硬件学习条件，课堂氛围，学习氛围，教师对待等软件学习条件，学校社团、组织等有助于锻炼个体的机会等。适应模式认为，个体进入新环境，成为新环境的一员实际上是原来的个体进行的自我调整和改变[①]，大学生的适应大多是以上一届大学生为参照对象，不断进行自我行为方式和模式的调整来不断融入新环境的过程。因此，良好的环境对个体适应的影响是不言而喻的。

在本研究中，大学生群体学校适应是大学生进入新的学习环境后，能否顺利接受环境中的改变与变化，达到新环境对于个体的要求与期待的情况评价，因而学校综合环境是影响大学生学校适应的主要因素。实际上，通过本研究的数据可以发现，目前大学生学校环境情况较好，各维度得分都较高，除学习维度得分较低外（4.79分），其他维度得分均高于5分（中值为4分）。即大学生学校环境综合评价较好，但对于环境的利用情况不佳。

例如学生组织或社团是学校环境组成部分之一，研究表明担任过学生干部的学生在学校适应各维度上表现都较好（除身心适应外）。繁忙的工作不仅没有消极影响其学习，反而使得他们对自己的学习更加有信心，充满激情；他们通过和更多的同学、师兄师姐、老师交流学习，在人际上得到了更多的锻炼，获得的人际资源也更多；他们更加自信，对自己的未来、目前的生活都有更好的期待和控制能力。这与朱凌云的研究观点一致[②]，他通过盘点各国领导人大学期间的事迹，发现大多数领导人大学期间都在社团领袖职位上表现突出，因此，他认为大学期间社团领袖的经历是提高个体综合能力、提升全面素质的重要影响因素之一，能够帮助大学生比其他人更好地适应学校。

但是，通过对比是否担任过学生干部的数据可以看出，近半数的学生从未有过学生干部经历。除此之外，一项关于大学生学生干部离职情况的

① 江立华. 城市性与农民工的城市适应［J］. 社会科学研究，2003.
② 朱凌云，杨夺. 新形势下高校学生干部队伍的培养与建设［J］. 青年探索，2016.

调查显示，接近半数（41.8%）的大学生在校期间担任过学生干部，但后期辞去干部身份，也就是说大学学生干部离职行为较为普遍①。如前所述，学生干部工作能够有效提高个体的学校适应能力，但一直担任学生干部的大学生却占总人数不到四分之一，这突显了大学生对于学校适应资源利用度不足，对自我提升的要求不够的现象。造成该现象的主要原因是学生对学生干部工作认识不清，对自我要求不高，也有高校学生干部培养、提升和成长路径的问题。对学生而言，许多学生总是被动地等待安排工作，不懂得积极询问，导致他们总感觉自己在做一些没有意义的事情。笔者在工作中发现，到换届的时候，许多学生都不愿意继续担任学生干部或者不竞选干部，选择离开，学生干部的流失现象是非常严重的。学生自身上还存在着自我时间管理与安排的问题，他们不懂得如何协调工作与学习、生活之间的关系，导致担任学生干部的时候感觉特别累，这本质上也是对学生干部资源的错误利用。同时，也有来自学校的原因，主要为学校对学生干部的培养的内容、途径、方式以及态度上存在问题。例如，高校学生干部工作本身就是大学教育的一种重要手段和途径，是育人的方式方法，是要被纳入高校教育工作大局之中的重要工作。但有的部门或者班级在学生干部的培养上，过于相信学生自身的内生力，也就是只管用，不管培养，就如同土壤一样，只种植，不施肥肯定是不行的。而有的学校只培养学生工作的能力，忽视了学生思想道德、核心价值观的培养，这样的培养会导致学生能力上提升了，思想上反而滑坡。因此，要提高学生对干部资源的利用，提升学生自我意识，就需要从学生干部意识培养、素质提升等方面抓起。

① 刘晨，詹星雅，孙晶晶，周嗣全. 基于领导力视角的高校学生干部离职情况探析与对策研究. 卫生职业教育，2020.

第六节　职业成熟度低，发展目标不明确

　　大学生的发展任务众多，既包括综合能力的锻炼发展任务，也包括身心成熟的任务，但对于一个即将步入社会的个体来说，最为重要的任务应该是关于个体职业发展的任务。如前所述，目前高等教育已经进入大众化阶段，大学毕业生的数量逐年攀升。调查显示，从2007年高校毕业生首次超过社会新增岗位开始，毕业生的数量与岗位数就未达到过正差额（即毕业人数始终高于新增岗位数），大学毕业生的初次就业率逐年下降，未就业人数逐年增加①。伴随着这样的社会现实，"大学生毕业即失业""大学读书无用论""毕业慌张"等大学生的就业问题就成为大学生的"心病"，是影响大学生学校适应的重要因素。

　　职业成熟度是个体在掌握与其职业发展相关信息的基础上做出与其自身相适宜的职业决策，并为之准备的程度②。大学生正处于职业探索期，需要他们尽快正确认识自我，了解职业世界，客观地做出明确的职业选择，并据此制订适合自己的大学学习计划、学习相关技能为将来的职业选择做准备。对大学生而言，职业成熟既是一个过程，也是大四即将面对的结果，关于职业的行为与心理发展伴随大学整个生涯。如果个体在大学期间无法很好地完成职业成熟这一过程，那么他们就很容易产生职业焦虑，即个体在面对职业选择时，产生的一种无法进行自我调整的持久性焦虑、紧张、不安等身心状态，严重影响个体身心健康③。

　　笔者发现大学生就业适应在学校适应各维度中显著最低，该结果反映了大学生对未来就业感到迷茫、职业准备不足、职业成熟发展欠佳的现实情况。这既与当前就业压力有巨大关系，也与大学生自身对当前就业环

---

　　① 晋晖. 中国大学生初次就业率70%高出教育部官员预期［N］. 第一财经日报，2005-11-17.

　　② 罗锡莉，张进辅. 大学生职业成熟度结构及问卷编制［J］. 心理学探新，2008.

　　③ 张玉柱，陈中永. 高校毕业生择业焦虑问卷的初步编制［J］. 中国心理卫生杂志，2006.

境、职业知识缺乏足够了解、个人职业选择不明确、缺少职业规划和职业准备有着密切关系。如前所述，目前我国新增就业岗位增长速度远不及毕业生增加的速度，人工智能的快速发展与普及也与自然人个体竞争着岗位。人工智能的发展已经让许多创新力不足的行业被取代，如公司采用人工智能软件撰写新闻报道、人工智能代替交易员等新闻已屡见不鲜，人工智能在分析海量卷宗、文书、数据、识别检验结果，并根据上述分析提供解决方案等方面甚至比人类的智慧更高①。这些使得就业的压力越来越大，大学生对自己的信心愈发不足，对学校的学习、生活愈发不满。学生自身发展过程中的问题，也是影响大学生职业成熟度的重要原因。当前我国大部分学生中小学时期主要以考上大学为目标，而对于今后从事何种职业缺乏深入思考，学校也较少开展职业规划方面的教育。这使得大学生的职业意识培养严重滞后，大学之前几乎没有关于就业方向的规划，于是，很多学生高考填报志愿时对专业认识不足，专业选择有较强的盲目性。由于前期准备不足，后期发展也会受限制。许多大学生到了大学，被新环境所吸引，保持着初生牛犊不怕虎的懵懂，一心认为自己能够从事与自己专业对口的工作。而随着学习的深入和教师、师兄师姐的言传身教，他们开始意识到自己所学习的似乎不足以满足这个职业所需的素质。于是就有了大一就业适应高于大二的奇特现象。于是许多大学生开始随波逐流，走一步看一步。不积极进行职业探索是不可能获得职业知识、树立职业理想的，因此，许多大学生在浑浑噩噩之中对职业世界没有清晰的认识，不能根据个人主客观条件做出明确的职业选择，从而导致个人发展目标不明确，无法制订清晰的职业规划，无法为今后就业做准备。因此，职业成熟度低是导致大学生就业适应性差的重要原因之一。

此外，调查结果还发现当前大学生整体在人格的主动性和开放性上水平一般，且该人格特征与大学生学校适应各维度间均存在显著的正相关。该结果表明，人格特质得分越高，大学生的学校适应水平越高，即人格是影响大学生学校适应的重要因素之一。人格是指一种稳定而统一的心

_____

① 李晓华. 哪些工作岗位会被人工智能替代［J］. 人民论坛，2018.

理品质，它决定了一个人的行为模式和思想、情感取向。有主动性人格的大学生会采取主动行为去影响周围的环境，有开放性人格的大学生会对外界和自己保持开放的态度，这两个品质往往相依相伴，共同存在于个体身上。主动、开放性人格能够帮助大学生积极探索外界，对其他事物保持开放的态度。对大学生积极主动投入大学生活学习、开阔视野、探索未来职业、了解就业环境、做出职业选择等产生积极影响。但本研究结果显示，大学生的主动性、开放性水平一般，这种现象不利于大学生主动进行职业探索、了解职业相关知识，从而进一步影响大学生人生发展目标的确立，大学生随波逐流地生活、学习，缺乏进取心和事业心，造成学校适应状况差。这在以往研究中也得到了证实。如以往研究发现当前大学生职业世界知识普遍匮乏，职业探索主动性明显偏低，这进一步导致了大学生在大学生活和学习中缺乏明确的奋斗目标和方向，从众跟风现象突出。由此可见，职业成熟度低，发展目标不明确是导致大学生学校适应水平不高的重要原因。

第七节　学业评价方式不合理，学生成就感低

学业评价是依据教育教学目标，通过使用适当的工具和途径，系统地收集学生在各学科学习和自我学习过程中的认知行为变化信息和证据，并对其知识和能力水平进行价值判断的过程。一个良好的学业评价模式不仅可以激励和促进教师，还具有诊断作用，帮助教师更好地了解学生的学习状况。同时，这种评价模式还有利于激发学生的内在学习动力，帮助他们明确自己的不足和努力方向，从而更好地促进学生的发展。因此，建立一个科学、合理、有效的学业评价模式对于提高教学质量和促进学生的全面发展具有重要意义。

现阶段高校学业评价以标准化模式为主，不论是大学英语四六级考试、各种资格证的考试，还是学生日常的学习考试、测试，均以这样的学业评价模式进行。这样的模式能够尽最大可能地保持大学生学习测试结果

的可比较性和公平性，能够帮助学校最为科学地了解学生是否获得教育部门需要他们掌握的知识和技能，在这种评价模式之下的学习是比较规范且有效的，但却是较为糟糕的学习。这样的评价模式是一种单项的、以结果为导向的评价，是自上而下的评价。学业评价的标准来自学校、教师、课程的要求和看法，而学生作为学业评价的主体，在标准的设计中，他们的参与度几乎为零。学业评价的过程几乎就是考试的那几十分钟，对于学生平时表现的激励性、实践性功能相当薄弱。在评价内容上，当前大学的评价内容依然以记忆性内容为主，一般一套试卷，记忆性成绩约占70%，实操性、态度性、问题解决性等内容占比过低。即使是实操性评价，也主要以操作流程记忆的准确性、重复的完整性为考查要点。于是就产生了学生学业奉献度、学业绩效高，而客观成绩评价低的奇怪现象。

这一现象是直接打击学生学习积极性的重要原因。试想，一个学生，在学习过程中积极完成教师布置的任务，按时完成作业，课前预习课后复习，主动为自己做好学业规划，并为之努力，常常能够达到自己预定的小目标，愿意主动寻求挑战性学习任务，过程充实而辛苦，但最后一考试，"看的全不考，考的全不会"，这样怎么能不打击学生的学习积极性？这进一步导致学生的习得性无助，直接消磨掉学生的学习积极性和学习动机。由此可见，不合理、不科学的学习评价机制是导致大学生学校适应不良的影响因素之一。评价机制的消极作用不仅体现在学生学习过程、学习结果、学习心理方面，还体现为学生的自我效能感低。当大学生无法从学业上获得相应的反馈时，他们更可能将这种失败归因于自己的能力不足、水平不行，从而怀疑自己。本研究结果也证实了这点，大学生的自我效能感较差，对自己能够应对困难的信心不足。

第九章　大学生学校适应教育的体系构建与对策分析

　　本书通过对大学生学校适应现状进行深入分析，揭示了导致大学生学校适应不良的一些关键因素，下面笔者将从内生动力、内在心理资本、外部环境等方面进行简单的总结。首先，部分学生内在发展动力不足，缺乏明确的发展目标。其次，很多学生表现出自我管理能力较差，缺乏足够的自我调控能力。此外，适应教育的缺乏以及效果不佳是影响大学生学校适应的外在环境因素。同时，研究还发现大学生积极心理品质不足、适应能力较弱，在一定程度上影响了他们在校园环境中的适应效果，使得他们难以融入集体、拓展人际关系。另外，学生在资源利用和自我提升方面的意识不够强烈，能力存在不足。大学生学业评价方式不合理，导致学生成就感低。传统的评价方式主要以期末测试为主，过于注重分数和成绩，不仅无法全面反映学生的综合素质，还可能对大学生的成长产生消极的影响。最后，大学生职业成熟度低，发展目标不明确，在选择专业和未来职业时缺乏深入的思考和规划，导致他们在校期间的学习和实践活动缺乏针对性，最终造成学校适应不良。

　　基于上述结果，本研究结合实际教育情景，构建了一套全面、系统的涵盖了课程育人、环境育人、政策育人、实践育人和心理育人五个方面的育人体系，旨在提升大学生的学校适应能力，以期改善大学生的学校适应状况，提高高校育人的实效性。在课程育人方面，应注重培养学生的综合素质和专业技能，通过构建较为完整的大学生学校适应教育课程体系，为大学生提供多样化的课程。在环境育人方面，通过创设满足大学生发展需求的成长环境，包括物理环境、人文环境、教师队伍等，营造积极向上的校园氛围。在政策育人方面，需要发挥学业评价的导向作用，以正确、客观、积极的评价机制对大学生整个学习过程进行全面评价，发挥评价的积极导向作用。在实践育人方面，发挥第二课堂在大学生学校适应中的功能，培养大学生的责任感和实践能力。在心理育人方面，以心育激发大学生内源发展动力，提升大学生学校适应水平。通过关心、关注大学生心理健康，对大学生进行心理健康教育、建立心理健康档案，帮助大学生保持积极的心理健康状态，提高他们的心理适应能力。同时，开展心理健康活动和讲座，普及心理健康知识，提升学生的自我认知和心理素养。

第一节　课程育人，构建较为完整的大学生学校适应教育课程体系

如前文所述，在当前高校的大学生教育中，各部门之间各自为政，自行开展与自己工作内容有关的学生工作，学校适应教育以零散知识的形式被学生接受，学生好像参加了很多学习和课程，但又似乎没有收获。有时候不同的职能部门还会在比较集中的时间段内安排性质极为相似的内容，这让学生不仅不能有所收获，还会感到疲于应付。因此，高校主要负责人应认识到这一问题并做出改变，可以以学生学校适应教育为支点，以教务处或者主管学生的部门为牵头部门，通过建立以大学生学校适应教育为主题的教育中心或者工作基地，将与学生工作有关的部门联系在一起，对学生的学校适应教育进行统一的研讨，构建出一套因地制宜的学生适应课程体系基本结构。

课程体系基本结构就是学校适应教育的框架，是大学生学校适应教育体系最为核心的内容和基本环节，因此必须科学合理地进行课程的设计与安排。本研究认为可以从主干课程、阶段性课程和活动课程三个维度设计大学生适应课程体系。

1. 主干课程：将大学生学校适应教育设计为主干课程，将这门课程设计为大学生的公共必修课程，每年开设约16课时，根据大学生发展的阶

段，设计不同的主题、内容。首先，主讲的教师也应是接受过相关知识培训或是主管部门中有相关经验的老师。根据前人研究、笔者工作经验以及本研究结果推断，大一年级的学校适应教育主要内容应集中在新环境适应调节、建立新的人际关系、学习学校规则、适应新的学习方式方法等方面。大二年级的适应教育则主要集中在学习方法的养成、职业心理的基础培养上，目的是让大二的学生能够跟上大学的学习节奏，提升学业成就感，提高自我效能感，防止无助感的产生。对学生职业教育的培养必须从大二就开始，可以是较为浅显的内容，帮助其产生对职业的好奇心。大三年级的适应教育则应主要集中在个体积极心理资本的积累，就业知识的传授，主动性、开放性人格的培养上。这一时期的大学生已经入校两年，很容易产生倦怠感，因此通过课程教育帮助其适应接下来的大学生活。更为重要的是激发大三学生对于职业的好奇心。好奇是一个人前进的动力，是人类进步的重要推动力，在大三的时候教授学生关于求职的知识，让他们认识职业，能够帮助他们顺利过渡到大四阶段。大四的适应教育则应重点在于对学生就业能力、职业成熟度的培养上。这一时期就需要让大学生认识到就业的现实情况，对其进行基本的求职技能训练等等。

2. 阶段性课程：本研究的阶段性课程设计并非严格意义上的上课，没有固定的时间，没有固定的内容和参与的学生，也没有完全固定的形式。研究者设想的阶段性课程或个性化课程，是对问题产生之前的预防和问题产生之后的弥补。例如到了毕业季，有的大四学生产生了较为严重的焦虑情绪，对未来感到惶恐不安，那么学校的学生工作部门便可以组织心理干预团辅活动，招募志愿者通过参加活动调适其心理状态，达到心理适应。再如，通过邀请学术界有影响力的学者进入校园，走近学生，分享他们的故事，促进大学生对权威产生科学合理的认识，提升其自我效能感和信心。通过对学生问题形势的预判，开展能够服务于学生的讲座、论坛、座谈会、倾听屋等多种形式的活动，帮助大学生解决具有群体性意义的问题。

3. 活动课程：活动课程主要是将大学生适应教育融入大学生日常校园活动之中，通过融合式教育，提升大学生学校适应能力。现阶段，大学中的各种组织非常之多，各种活动也非常丰富多彩，例如一个学生的身份往往是多重的，那么他参加的活动也可能会非常多。例如，他可能在社团之中担任干事，那么他就会参加社团的日常活动，他又是班级干部，他还要参加班级活动，同时他也是一名团员，那他还要参加团的活动等。但其中的问题就在于，活动很多，学生也很累，而且对待活动往往是参加了很多，却无心认真准备，经常是蜻蜓点水，忙了很久收获却很少。其中关键的问题就在于活动设计，因此，笔者认为，应将学校的各种活动进行整合梳理，将活动看作是有目的、有意义的课程。

4. 建设大学生学校适应教育课程的原则：在课程设置上，既要保持课程的连贯性，又必须注重课程的阶段性，保持整体与部分之间的关系。研究结果已经证实，不同阶段的大学生有其不同的特点，在学校适应上存在不同的问题。因此针对不同年级学生，需把握学生需要与心理发展的特征，同时要保持课程的整体性，不可将不同阶段的课程截然分开。例如以大学生职业教育为例，可在每一阶段都设计与就业、职业主题有关的内容，层层渐进、逐级深入，将大学四年的课程贯穿起来。

在课程内容上，坚持开放性、实效性原则，不可过于死板和生搬硬套，不可为追求高级而失去了教育的实效性。开放性原则要求大学生学校适应教育课程体系应该具有一定的弹性，能够根据需要灵活地调节。在这个信息急速更新的时代，大学生获取知识的渠道太多了，甚至许多不一致的信息冲击着他们。因此，我们可以发现现在的大学生与以前的大学生有着很大的区别，现在的大学生有着较强的自我意识，习惯凡事问个为什么。适应教育如果不能保持开放性，跟随社会的变化而更新，就无法反映社会中的新内容、新趋势和新形势，就不能根据现实情况在内容上进行吐故纳新，那么这样的教育会让大学生持怀疑态度，从而降低适应教育的实效性。实效性是大学生学校适应教育最根本的原则，也是大学生适应教育开展情况的评估手段。只有适应教育确实产生了实际的积极效应，学校才有信心继续开展学校适应教育，学生也才会愿意参与适应教育的课程。因此，在课程内容上，必须保持实效性原则。

第二节　环境育人，创设满足大学生发展需求的成长环境

大学校园环境也被称为大学校园文化，有学者认为它是高校师生在教育、教学、活动过程中创造和形成的，一种与该校有关的价值观、集体心理、氛围传统、校风校纪，以及物质环境等各种文化要素的综合体①。其中既包括校园硬件条件，也包括校园文化软实力，还包括校园中的关系等。大学生的学习、生活、娱乐等大部分时间都在大学校园之中度过，因此，与大学生关系最为密切、影响最大的就属校园环境。大学环境对大学生的影响是日积月累、潜移默化的。良好的校园环境能够促进大学生综合能力素质的培养；良好的校风校纪、高尚的品德能够提升大学生的思想道德修养；积极上进的学习氛围能够让大学生奋发图强；丰富多彩的校园活动能够促进大学生个体的成长与发展，在其遇到挫折的时候支持个体勇于面对。只有高度重视大学环境的作用，积极创设良好的校园文化氛围，才能够有助于大学生各方面的全面发展，帮助大学生更好地适应大学生活。因此，需要通过创设良好的育人环境，通过大学校园文化环境，促进大学生个体的发展与成长，提升大学生学校适应能力。

研究结果表明，目前我国大学生对高校的学习环境满意度评价较低，这里的学习环境既包括学习环境是否良好、图书馆设置是否能满足学生学习需要，也包括学校学习氛围是否浓厚等。因此，要加强高校学习环境的建设，营造良好的学习环境和浓厚的学习氛围。首先，加强图书馆的建设，扩大图书馆规模，优化图书馆学习条件。（1）配备专业的图书馆资源管理教师，对图书馆的书籍进行专业的划分与管理，帮助学生便利地获取自己所需图书资源。专业的教师能对文献资源进行更为科学、合理的管理，及时增补相应的图书资源，提升大学生阅读的视野广度和有效程度。（2）加强图书馆硬件设施建设，提升大学生阅读体验感。阅读环境是决定

---

① 贺幸平. 论高校校园文化环境建设［J］. 湖南社会科学，2005.

大学生是否到图书馆进行学习的重要因素，学校应定期对图书馆的各项设施进行检修，保障各项设施运转正常。对于图书馆空间不够的，应该从顶层设计进行规划，加大资金投入，新建图书馆，保障学生到图书馆学习时有足够的空间。注重图书馆环境、卫生的管理，对于不良行为应及时进行制止，如大声喧哗、长时间占座、看电影等，因为这些行为会对其他人造成消极的影响。（3）图书馆对馆内区域进行明确的功能划分，如图书阅览室、考研专用自习室、考证自习室、普通自习室、休闲区等，每个区域有不同的规章制度，并根据现实情况进行合理布置。

加强校风校纪建设，利用良好校园风气，帮助大学生进行学校适应。学校风气是校园文化的重要组成部分，是一个学校办学水平和学校管理情况的直接表现，良好的校风既包括教师的教风，也包括学生的学风，其中校规校纪对学风的建设起着保障作用，因此也是不可忽视的。教师积极的教育态度、良好的师风师德、熟练的业务能力都对大学生有模范示范作用，有助于学生形成良好正确的学习态度和风气，建立正确稳定的价值观、人生信念。因此，要加强对教师师风师德的建设，增加对教师业务能力的培训力度。师风师德建设不可浮于表面，流于形式，可以通过树立典型示范、表彰优秀教师等多种形式开展师风师德的建设工作。同时，要重视对教师的培养。许多教师入职之后参加继续教育的机会大大减少，业务能力全靠自己摸索来提高。这是不正确的，学校应加大对教师培训的投入，重视教师职业能力的提高。在学风建设上，除了教师的示范作用，学校教育和活动也是必不可少的。可以通过丰富多彩的学生活动，提升学生对学习的兴趣，使其从做中学，促进大学生更好地学习。

加快大学生思想阵地建设，提升大学生思想政治教育成效，提高大学生人文道德修养，为树立大学生"志存高远，脚踏实地"的人生观、价值观、理想观营造良好环境，帮助大学生更好地适应学校教育。市场经济飞速发展，各种新的思想言论通过网络一夜之间便可传播开来，大学生作为年轻人中的知识分子，他们更关注这些信息，也更容易被纷繁复杂的言论所影响。这种影响既可能是正向的，也可能是负向的，但是网络的难以操控性，让一些不良的信息夹杂其中，给大学生带来消极的诱导作用，使其思想观念或者价值取向，以及行为方式发生错误的转变。例如，精致的利己主义思想、"宁愿坐在宝马车上哭，也不在自行车上笑"的拜金主义思想、读书无用论、西方某些国家披着"人权"的伪装外衣宣传的错误思想等等①，都会对大学生的思想产生冲击，有的大学生经受不住错误思想的诱导，就可能走向犯错的道路。因此，高等教育必须高度重视思想阵地的建设，为大学生营造干干净净的良好校园氛围。笔者认为可以从以下方面开展：（1）构建高校思想政治宣传教育联动机制，由学校成立专门的思想阵地建设工作小组，设立专门的办公室进行统一规划和管理，设立高校思想政治建设领导小组，由分管学生或负责教学工作的校领导担任组长，马克思主义学院院长、宣传部门领导、学生工作有关的部门领导为思政阵地建设专家组成员。由领导小组统一进行全校性顶层设计，通过校级会议批准后进行目标分解，对全校各职能部门、各学院及相关单位进行统一部署和联合运作，并形成一套完善的运行、反馈机制，促进高校思政建设的高效运转。（2）在思想政治教育内容上，要培养学生艰苦奋斗、百折不挠的精神和意志。通过笔者的分析可以看出，当代大学生学校适应不良的一个重要原因就是学生思想上的脆弱，是缘于艰苦教育的缺失，是当代学生受到过度保护的结果。因此，在思政教育上，要重视苦难教育，利用伟大人民艰苦奋斗的历史、当代人民奋发图强的事迹进行教育，通过布置大学生身体力行的任务进行教育。

第三节　政策育人，发挥学业评价的导向作用

学业评价科学与否，是影响教师教学、学生学习的重要因素，能够直接影响大学生的学校适应。研究者认为大学生在校期间与学习活动有关的一切活动的评价，都应称为学业评价②。这里的学业评价不是单纯的对学习

---

① 方慧. 试论加强高校思想阵地建设［J］. 重庆广播电视大学学报，2001.
② 袁振国. 当代教育学［M］. 北京：教育科学出版社，2004.

结果、教学内容进行的评价，而是对学习的过程、学习到的一切内容进行的评价。目前，我国高等教育中的学业评价机制存在着学业评价体系不完整、学业评价内容针对性不强、评价结果的实效性差、过程系统性不够等问题。

具体而言：1.在学业评价的内容上，局限于狭义的学业评价范围，主要以课程理论学习结果为评价标准，忽视对大学生实践能力、学习过程、创新性等方面的考查。课程以外的评价更是鲜少涉及，以教学为本位的评价没有关注大学生学习的实际情况，无法全面对大学生学习内容进行评价。2.评价主体单一，评价作用范围有限。目前，学业评价一般都是教师对学生的评价，"教学相长"作为教育原则中的一项基本原则，在这里没有得到应有的体现。评价应该是多方位的，不仅包括教师对学生学习的评价，还应该包括教师之间、学生对教师、学生之间的评价。只有评价主体多方面，才能够保证评价是多方面的。3.评价方式方法上，主要以标准化测验为主要手段，测验内容以教学大纲为导向，存在着以结果为导向、忽视对学习过程的评价的弊端，除此之外，评价方式单一，能够评价的方面十分有限，受个人因素影响较大。

在大学生学校适应的培养体系中，为更好地提升大学生学习动力、培养大学生全面素质，需要完善大学的评价机制，以正确、客观、积极的评价机制对大学生的学习完整过程进行全面评价，发挥评价的积极导向作用。第一，建立健全的高等教育评价体系，以教务部门为牵头部门，以二级学院教学教育部门为执行单位，以大学生的学习评价为落脚点，全面建设高等教育评价体系。该体系应兼顾教师与学生、教师之间以及学生之间的综合关系，将各参与对象综合到评价机制之中，保证教育评价的公平性和反馈作用等。第二，统一高等教育评价思想，求大同存小异，不可因人与人、学科与学科、理念与理念等的不同，就放弃互相之间的合作。对于不同学科、不同理念的评价重点进行吸收借鉴，同时又要发挥各学科、各部门的主观能动性，建立一个思想统一、各有不同的整体评价体系，使评价能够促进大学生对自己有更加全面的认识，也能使教师提升自己的教育能力，同时又在不同的方面有所差异。第三，在评价内容、标准、方式等手段上，既要保持传统评价模式中优秀的内容，又要与时俱新，在严谨论证、实践的探索基础上，对评价模式进行更新。

第四节　实践育人，发挥第二课堂的育人功能

一、第二课堂的内涵与意义

有学者统计过，在所有对学生产生深远影响的重要的具体事件中，有4/5发生在课堂外[①]，而第二课堂就是发生在"传统课堂"外的学生活动。所谓第二课堂是相对于第一课堂提出的一个概念。第一课堂是指在大学生课程安排中的，由教师带领统一进行学习的模式。而大学的第二课堂则是在个体自由支配时间内，大学生在学校支持、教师引导下参加、主持的一系列有组织、有纪律的集体学习、实践活动。在这种课外的、有组织的集体活动状态下，学生在学校的支持、教师的引导下，自主学习、自觉转化所学知识[②]。第二课堂具有鲜明的学生主体性、灵活开放性、充分的内驱力及较强的实践性特征，弥补了第一课堂难以满足学生参加社会实践、个体多样化发展等多方面需要的缺点，是高校培养大学生动手实践能力重要的手段。

二、第二课堂在促进大学生学校适应中的作用

当前第二课堂作为大学生课外实践活动的主要阵地，已经成为大学生学校生活的主要组成部分，如中国石油大学（华东）自2018年3月开展第二课堂活动以来，学校共发布第二课堂活动信息超过1万个，参与人次超过百万，实现了本科学生全覆盖。首先，第二课堂活动涉及思想成长、社会实践、志愿服务、文体活动等，这些活动帮助学生开阔了个人视野、培养

---

① 周大伟. 没有班干部的学校［J］. 阅读与作文，2012.
② 孙丽华. 试析高校第二课堂的设计与经营［J］. 黑龙江高教研究，2012.

了个人兴趣与特长、丰富了个人生活。具体而言：首先，在参加活动的过程中大学生可以快速了解大学校园生活的丰富多样性，利用大学校园中的各类资源。其次，丰富的第二课堂活动也为很多同学提供了展示自己的平台，使其从中体验到成功的快乐与努力拼搏的成就感，较好地愉悦了个人身心。再次，在各类活动中大学生还扩大了个人交际圈，拓展了人际关系范围，增加了找到志同道合朋友的机会，为大学生良好人际关系的建立提供了基础，也为大学生相互学习提供了平台和机会。最后，在参加各类专业实践和创新创业活动中大学生能够有效锻炼个人专业实践能力，增强了个人专业技能，为大学生了解职业世界和就业环境、明确职业目标、提升求职能力等都提供了条件。而这些也正是大学生学校适应的核心内容，因此，第二课堂不仅是提升大学生综合素质的有效平台，同时也具备提升大学生学校适应能力的功能，是开展大学生学校适应教育的重要平台。

三、发挥第二课堂在提升大学生学校适应水平中作用的有效方法

通过上文的分析我们可以认识到第二课堂在大学生学校适应中能够发挥重要作用，但在实际实施中很多学校并没有将其适应教育的功能有效发挥出来。如廖素梅在对某专科院校的调查中发现，在关于"第二课堂对大学生的作用"的调查中，学生选择"修满学分，顺利毕业"的占77.01%；选择"提高自己的综合素质"的占42.52%；选择"满足自己的兴趣爱好"的占30.96%；选择"丰富自己的课余生活"的占34.81%；选择"其他"的占3.28%。该结果表明，学生对参与第二课堂活动以及个人"第二课堂成绩单"的作用与价值的认识是不到位的，很多大学生和学校对第二课堂在提升大学生学校适应方面的作用和价值并没有清晰的认识，这严重阻碍了第二课堂在提升大学生学校适应中的作用。

因此，为更好地发挥第二课堂在大学生学校适应中的作用，笔者认为，首先，理念是基础。在目前的高校中，第二课堂就是大学生丰富课余生活的形式之一，很多从业者对第二课堂并不重视。因此，更新理念是搞

好第二课堂、丰富大学生课余生活的基础。认识到第二课堂是与课堂教学不同的一种以课外活动为主的教育方式，是课堂教学活动的继续和延伸[①]。同时应深刻认识到第二课堂在大学生学校适应中的积极意义和作用，并有意识地发挥其作用。其次，结合大学生学校适应的需要构建有针对性的第二课堂活动内容。大学生学校适应包括学习、生活、人际关系、身心和就业五个方面，那么在第二课堂活动中我们也应结合这五个方面有针对性地设计相应活动，让大学生在参加第二课堂活动中深入了解大学的生活内容和方式、学习的特点和方法，人际关系的特征以及未来就业的相关知识，体验大学生活的乐趣，掌握大学学习的方法、人际交往的技巧、必备的就业技能等，并在此基础上保持身心的愉悦和健康，从而更好地适应大学生活，提升大学生活质量。最后，给大学生提供参与社会实践的条件。各实验室、实践实训场所等，应充分发挥其作用。不同部门、二级学院之间应相互合作、资源共享、相互促进，提高资源的利用率。同时，要鼓励学生利用好这些资源。

第五节　心理育人，激发学生内源发展动力

一、心理育人的内涵与意义

心理育人是教育者以优化学生心理素质、维护学生心理健康为目标，通过一系列心理素质训练、心理健康教育、心理辅导活动，对受助者心理的各个层面施加积极影响的实践过程。这项工程对于教育、学习和社会的进步具有深远的影响。首先，它有利于提高教育教学质量，优化教育者自身的素质，并进一步落实素质教育的要求。其次，心理育人能够促进学生心理健康地成长，激发他们的主动发展潜力，从而促进他们的全面发展。最后，心理育人对于人际关系的和谐、社区的安宁以及社会的精神文明建

---

① 孙波. 提高小学课堂提问有效性的质性研究［D］. 西北师范大学，2014.

设都具有积极的影响。

二、当前实施心理育人的必要性

当下，高校心理健康教育的对象大多是00后，他们的生活体验、经历阅历、处事方式、认知能力、人格特征及所处环境都不同以往，但同时他们也正承受着较大的心理压力，心理健康状况不容乐观。有调查发现，近些年新生心理健康普查预警比例逐年上升，在强迫、人际关系敏感两个症状上尤其突出，在敌对、偏执、焦虑、抑郁等方面也较为明显。此外，他们还呈现出个性需求高、自我意识强、网络体验多等个性特征。当代大学生的这些心理特点，需要高校心理健康教育者凝聚心育合力、创新心育方法、分层分类施教，提供满足对象需求的内容与形式，提高心理健康教育的吸引力、感染力、针对性和实效性。同时，实施心育也是体现党的教育方针的战略要求。在教育领域，立德树人应作为核心目标，将思想政治工作贯穿于整个教育教学过程中。为了实现全程育人和全方位育人的目标，教育部已发布一系列指导文件，如《高校思想政治工作质量提升工程实施纲要》和《高等学校学生心理健康教育指导纲要》。这些文件为建立健全高校"三全育人"和心理育人制度提供了宏伟蓝图，作出了战略部署，旨在为学生的全面发展奠定坚实基础。

此外，本研究发现大学生学校身心适应水平不高，在抑郁、敌对、自卑、人际关系敏感、网络成瘾等方面均存在不同程度的问题，即大部分大学生处于心理亚健康状态。此外，在人格和心理特征方面，大学生人格的主动性、开放性处于中等偏上水平，而自我效能感和心理韧性刚达到中等水平，这表明大学生整体上积极心理品质并不高。另外，相关分析和回归分析均表明大学生心理健康状况与其学校适应水平存在中等强度的负相关，而与其积极心理品质存在显著正相关。因此笔者认为开展积极心理品质教育，如培养人格的开放性、主动性，建立较高自我效能感，提升大学生心理健康水平等心理教育是改善和提高大学生学校适应水平的有效方式。因此，从大学生学校适应教育的角度来看，开展心育也是十分必要的。

三、以心育激发大学生内源发展动机，提升大学生学校适应水平

一般而言，大学生心理教育的内容主要有：大学生一般心理特征介绍、爱情与性道德观教育、人际关系指导、学习心理的优化、心理疾病的防治和优良性格的培养等。而大学生心育具体开展的主要方法包括：开设心理教育课程，传授心理健康和发展基本知识；创设和谐氛围，帮助学生获得真诚、信任与尊重，帮助学生形成良好健康的心理品质；开设专题讲座，有针对性地传授应对心理问题的知识和心理保健的方法；一对一进行心理咨询与辅导，解决学生面临的个性化心理问题；团体辅导与咨询，在活动和体验中提高自我认识，完善自我人格；推荐有益读物，引导学生自主探索和学习改善心理健康状况与完善人格的方法和技术。以上心育的内容和方法都为开展大学生心育提供了依据和抓手，为激发大学生内源发展动机、提升大学生学校适应水平提供了有效手段。

而针对存在严重学校适应问题的大学生，则应建立个人心理档案并进行特殊的心理干预。首先，作为高校的学生工作者，应该与时俱进不断更新思想与知识，了解当代大学生的心理。在平时的学习生活中，加强与存在严重适应问题的个体的沟通交流，了解其学校适应不良的原因所在，根据个人特殊情况为其制订合理的时间规划，给予必要指导，帮助其恢复信心，使其回归到正常的学习生活中去。其次，学校应建立健全的心理咨询机构，为学生提供心理咨询服务。心理咨询是指系统学习心理学专业知识、并经过专业训练的心理咨询人员，运用心理学的原理、方法和技巧，对大学生的各种心理问题加以指导和帮助，以优化学生的心理素质，防止其心理疾患的过程。对少数学校适应问题较为严重的学生可以由专业人员对其进行个体心理咨询、矫治，以使学生人格成熟完善，提高其心理健康水平，从而适应大学生活。同时，要做好心理咨询活动，学校需要设立相关机构，提供相应场所与物质条件，配备专业的教师队伍等。最后，充分发挥班级心理委员的作用，开展好特殊个体的日常心理帮扶工作。当前大学中各班级均配备有心理委员，是学校心理咨询中心和班级连接的纽带，

同时也是学生心育的重要助手。很多由心理困惑导致适应不良的大学生，出于与老师的距离感或者不愿意向老师袒露等原因，会拒绝主动找老师咨询，甚至在咨询的时候进行隐瞒。而班级心理委员由于自身的学生身份，可以较好避免相关问题，从而更方便地提供帮扶。

第十章　大学生学校适应教育实例

第一节　课程设计整体理念

一、以参与性学习为主，以教师讲授为辅

参与性学习是一种合作式的教学方法，利用建构主义教学法理念，由老师搭建"脚手架"，以支架的方式进行教学。把大学生作为学习活动的中心，这种以人为本的教学方法能够培养大学生对于学习的兴趣，让每个人都能够进行自我表达，是一种以学生为本的教学方式。在课程中，笔者通过角色扮演法、小组讨论法、自我总结反思分享等环节，提高学生在课堂中的参与度，让学生深入了解自己的内心世界，发现自己的优点和长处，并且通过互相讨论，发现自己身上的不足，从而全面、客观地认识自我，逐渐接纳自我，最后悦纳自我，最终达到适应学校环境、促进个体全面发展的目标。在课程中也会配有一定的讲授法，因为讲授法能够让学生在短时间内快速获得关于自我认知的方法理论等知识，发挥教师在教学中的引领作用。通过老师的引导和讲解，学生可以更好地获得相关的基本理论知识。

二、以情感感染为主，以知识传输为辅

情感感染是教育过程中的一门艺术，也是使教育发挥其作用的重要手段和途径，通过接受情感教育和感染，学生能够获得积极的情绪体验。研究表明，积极的学业情绪能够培养学生学习的专注力，增加学习的深度、

广度。在课堂中创造生动、活泼、积极的教学环境和课堂氛围，能够激发学生的学习热情，促进他们学习动机和学习兴趣的产生。正如架构主义学家所说，学生不是空着脑袋走进教室的，他们带着自己的过去经验进入教室，老师必须做一个教育的先行者，带着设计的思维对课堂进行设计，让情感感染融入课程之中。因此在笔者的课程中，以情感感染、情感教育为主，引导大学生树立自信心、自尊心，理性地应对在学校生活中的挑战和困难。同时也辅以知识教育，通过传授知识让他们清楚相关的概念和重要意义，掌握在学习情绪、人格等方面进行自我提升、自我教育的方法和技巧。

三、以实践活动为主，以理论学习为辅

拓宽课程设计思路，将大学生良好人格的培养融入学生培养的方方面面。在笔者的课程设计中，不仅要在课堂上开展课程实践活动，更要将这种实践活动延伸到课堂之外。将学生放在课程中心，通过以活动为主的课程，培养学生发现问题、解决问题的能力。在课堂上，主要以主题式课程教育为主，通过辩论赛、小组演绎等多种形式，将活动贯穿于课堂，让学生保持对课堂的兴趣与主动性。将实践育人融入课堂内外，融入环境之中。让他们把教室作为舞台，把学校作为舞台，让教室环境、学校环境作为培养他们的摇篮，通过鼓励学生参加校内外各项社会活动，如公益服务、社会调查等，培养学生各项技能与解决问题的能力，促进他们课余生活的丰富性。将理论学习用以保障实践活动，在课程中加入适当的理论学习，让学生学习到自我、人格、社会、人际关系、心理健康等各方面的知识，牢固掌握基本的理论与方法，以此来武装自己的实践活动，避免让实践活动变成无意义的活动，缺乏内在的核心价值。

四、以互动交流为主，以老师传输为辅

互动交流法是指在课堂中通过师生的交流互动，帮助教师更好地了

解学生目前学习的情况，从而调整教学策略，帮助学生更好地掌握知识。通过小组内部的角色扮演、小组讨论、成员分享等互动活动，帮助学生加强与人合作的能力。因此在笔者的课堂中，主要以互动交流式教学为主，老师单方面传授知识为辅的教育方法。具体而言，在课堂中积极鼓励学生参与讨论和提问，设置开放性问题，抛砖引玉，引起学生的讨论。除此之外，鼓励学生提出有价值、有意义的问题，并且允许他们回答错误。教师传授知识也是必不可少的，因为学生还处于成长期，对一些知识的把握可能存在一定的偏差，因此在课堂中教师要传输正确知识，把握课堂方向。

第二节　自我认知及大学生涯规划课程实例

一、设计理念

首先，自我认知及大学生涯规划这一大学生自我认识及生涯规划主题课程，旨在帮助学生更加全面地了解自己的能力、兴趣、价值观，对自己的优缺点有更为全面的认知，建立完整的自我认知结构。其次，通过大学生自我认知课程的学习，帮助大学生建立自信心，提高其自尊、心理韧性、希望等积极心理品质，促进心理健康发展。最后，通过对自身的了解与认知，大学生能够更加明确自己的兴趣、优势和弱点，以帮助其锚定未来职业，并为此设定相应的目标和努力的方向。总之，自我认识课程能够帮助大学生更好地了解自己，认识自己的优势和不足，从而更好地规划自己的未来，提高自我成长和发展的能力。

二、课程目标定位

大学生自我认识课程目标是让学生理解自我认知的概念及其重要性，掌握自我认知的技巧和方法，帮助学生更好地了解和接受自己，从而提高自我认知水平，促进个人成长和发展。

1．知识与技能目标：了解并掌握认识自我、悦纳自我的方法和途径；掌握相应的评估工具；能够对自己的大学生活做出一定的规划。

2．过程与方法目标：通过多样化的活动，使学生形成初步的自我评价能力，能客观认识和评价自己，树立自信心。

3．情感态度与价值观目标：使学生正确认识自己的长处和短处，以平和的态度接受自己，悦纳自己；培养学生积极的心态。

三、课程设计

（一）第一次课：自我认知的概念与作用（实例）

1．课程目标

（1）理解自我认知的定义与内涵；

（2）掌握自我认知对个人发展的作用与重要性；

（3）理解缺乏正确自我认知的负面影响与后果。

2．课程重难点

学生之间能够互相信任，让小组成员之间互相分享内心真正的自己。

3．课前准备

整洁的团体辅导教室，提前按照分组摆好桌椅；击鼓传花的道具（音乐，玩具）；彩色笔；A4纸；大白纸；九型人格测试题。

4．课程时间及对象：90分钟，大一新生

5．教学过程

（1）破冰游戏：桃花朵朵开

亲爱的同学们，很高兴见到大家，我是××老师。现在我们将一起玩一个游戏，名字叫作"桃花朵朵开"。游戏规则如下：

①请大家先以我为中心，站成一个圈，然后所有人跟随指示，顺时针走动。

②当我说出"桃花朵朵开"的时候，所有人一起问"开几朵"，我会回答"开几朵"，这时候就要几个人抱团。人数不够或者多了，就要表演节目。

③接下来，我们试一试。

教师小结：通过刚刚的小游戏，我们可以发现，想要赢得游戏胜利，专注力和反应能力是非常非常重要的。更重要的是互相支持，团结一致才更容易胜利。我看到有的同学在人数多了的情况下，为了不拖累团队，自己退出来，非常令人感动。有的同学非常有表演的才华哈，赢得了同学们阵阵的掌声。

（2）小组活动：我眼中的我 你眼中的我

请同学们回到自己的小组位置，我们要开展下一次活动了。这个游戏叫作"我是谁"，现在大家每人拿一张A4纸，给大家五分钟时间，在纸上写下10个词语来描述你是谁。提示：可以是姓名、家乡、兴趣、爱好、性格、身份等等，每一类不要超过两个描述。

时间到了，请小组内每个同学用这10个词语，进行一次全方位的自我介绍吧，让小组成员重新认识一下你是谁。分享的过程中，同学们畅所欲言，谈谈你对这位同学自我介绍的看法，但是，不可以对他人进行否定或攻击，给大家十五分钟时间进行分享。

现在请两位同学分享一下你在这个活动中的感受。

教师小结：通过刚刚的小组活动，同学们说，我觉得他是这样那样的人，他原来不是我看到的那样啊。由此可见，我们对他人的认知往往受到自己的主观影响，有时会因为我们自己的偏好、经验和期望而产生误解。我们不能仅凭自己的感觉或偏见去判断一个人，而应该尊重对方的真实感受和个性。同时，我们也要认识到，每个人在不同的时候都有不同的性格特点，比如一个人在某些场合可能表现得外向，但在其他场合可能表现出内向的一面。因此，我们应该尊重每个人的独特性，并学会理解和接受他们的不同。

（3）心理小测试：九型人格

九型人格测试是一个心理评估工具，它可以更好地帮助我们了解自己的性格特点和行为模式。通过这个测试，我们可以看到自己属于九种不同的人格类型中的哪一种，以及每种类型的特点。同学们一定要注意，这个测试并不是为了判断好与坏，而是为了帮助我们更好地认识自己，发现自己的优势和不足。同时，我们也会探讨每种人格类型的特点和优劣势，从而帮助我们更好地理解自己。现在，让我们开始这个有趣的九型人格测试吧！

九型人格测试：每一道题都包含了2种选择，请仔细阅读，并依据你平时的一些行为习惯选择其中一种状况，在标"〔　〕"的单元格里写数字1。

在答题时，可能会遇到2种状况都不适用于你，或2种状况都适用于你，无论哪种情况，请选择其中你最倾向的答案（即使两种状况你都不同意）。如果漏选或多选，将影响你的测试结果！

		A	B	C	D	E	F	G	H	I
1	我浪漫并富于幻想					〔　〕				
	我很实际并实事求是		〔　〕							
2	我倾向于接受冲突							〔　〕		
	我倾向于避免冲突	〔　〕								
3	我一般是老练的、有魅力的以及有上进心的			〔　〕						
	我一般是坦率的、刻板的以及空想的					〔　〕				
4	我倾向于集中注意力于某一事物								〔　〕	
	我倾向于自然的东西，喜欢开玩笑									〔　〕
5	我待人友好，愿意交新朋友		〔　〕							
	我喜欢私处、不太愿会与人交往。	〔　〕								
6	我很难放松和停止思考潜在时问题							〔　〕		
	潜在的问题不会影响我的工作				〔　〕					
	....									
个性号码统计表										
栏目		A	B	C	D	E	F	G	H	I
总数										
个性号码		9	6	3	1	4	2	8	5	7

同学们根据老师提示的计分方法开始算分：将每栏数字相加，并将总数填入上面这个表格中。如A栏中你得数5，就将"5"填到A下面的方框中；B栏中你得数7，就将"7"填到B下面的方框中，以此类推。在答题过程中，如果你没有漏选和多选，则上表中从A到I下面方框中的数字相加应等于144，如果不是，请检查是否正确填写。

教师引导：同学们，我们已经做完九型人格测试了，现在老师即将揭晓每种人格具体含义以及具体解释。希望同学们能够理解，这个测试只是揭示了人类性格的多样性。实际上，每种类型都有其独特的优点和缺陷，没有哪一种类型是"更好"或"更坏"的。所有的类型都有自己的价值和贡献。

①第一型完美主义者（The Reformer）：完美者、改进型、捍卫原则型、秩序大使。追求完美，有强烈的责任感和自我要求，往往过于苛刻自己和他人。

②第二型助人者（The Helper）：成就他人者、助人型、博爱型、爱心大使。乐于助人，重视他人的需求和感受，有时过于牺牲自己。

③第三型成就者（The Achiever）：成就者、实践型、实干型。追求成功和成就，有强烈的目标和竞争心理，往往过于强调结果而忽视过程。

④第四型艺术型（The Individualist）：浪漫者、艺术型、自我型。富有创造力和想象力，对美感和艺术有着极高的敏感度，有时过于情绪化和以自我为中心。

⑤第五型智慧型（The Investigator）：观察者、思考型、理智型。喜欢观察和分析事物，具有客观、冷静的思考能力，有时过于疏远他人和孤僻。

⑥第六型忠诚型（The Loyalist）：寻求安全者、谨慎型、忠诚型。重视安全和稳定，具有强烈的责任感和忠诚度，有时过于胆小和依赖他人。

⑦第七型快乐主义型（The Enthusiast）：创造可能者、活跃型、享乐型。乐观开朗，富有幽默感和创新精神，有时过于冲动和不负责任。

⑧第八型领袖型（The Challenger）：挑战者、权威型、领袖。喜欢冒险和挑战，具有强烈的自信和决断力，有时过于霸道和好胜。

⑨第九型和平型（The Peacemaker）：维持和谐者、和谐型、平淡型。

乐于沟通和协调，对他人关怀和包容，有时过于顺从和缺乏主见。

（4）案例分享与讨论

现在同学们都得到了自己人格测试的结果，不知道大家在测试的时候有什么体验或感受？这个测试是否与你自己认为的自我相符合？有哪些不完全一样的地方，为什么呢？可以分享一些具体的例子吗？哪一种人格的人让你最喜欢，哪一种人格的人让你感觉相处起来比较困难呢？现在请各小组围绕但不仅限于上述问题展开小组讨论，让我们用集体的力量去理解自己和他人的性格类型，以及学会如何更好地与不同类型的人相处。

（5）作业布置

通过今天的课程，我们对自己有了更多的认识，刚刚的讨论大家也非常认真，请大家根据刚刚的讨论结果，以小组为单位，撰写一篇研讨报告，总结一下你们小组讨论的主要观点和结果。

6. 课程反思

在教学内容的设计上，笔者在课程中进行了自我认识学习和九型人格分析测试，配合以小组讨论。笔者认为，在教学过程中，对这两个内容的处理是合理的，但是也许在九型人格分析测试上花费了更多的时间。在下一次课程中，需要更好地规划每个主题的时间，以确保所有的内容都能够得到充分的学习。

在学生参与度上，整体反馈比较良好，同学们积极参与。在知识点讲授部分，学生都较为积极地认真思考，能够回答笔者提出的问题。学生们积极参与，乐于讨论的场景让我深受感染。然而，在九型人格分析测试环节，一些学生似乎有些困惑。因此，下次类似课程中，在解释这个概念时笔者需要更加清晰和详细地讲解，以便学生更好地理解。除此之外，以后的课程中，可利用一些现代化工具或平台，如微信公众号、在线课程平台和在线教育社区等帮助学生学习。

关于课程的深度，笔者认为这次课程已经涵盖了自我认知的几个核心方面，还可以继续深入拓展。例如，可以增加关于自我提升和自我发展的策略内容，并探讨如何将这些策略应用到日常生活中。同时，可以更深入地探讨九型人格的各类特征在日常工作生活中的优缺点。为了增加课程的实用性，下次课程中可以引入更多的实际案例和实践项目。通过分析真实的案例，学生更好地理解自我认知在日常生活和工作中的应用。

总体而言，虽然本次课程取得了一定的效果，学生能够较好地吸收课程内容，但仍有很多可以改进和完善的地方。我将会根据学生的反馈和自身的反思，不断优化未来的课程设置，以提供更加完善的学习体验。

（二）第二次课：自我认知的技巧与方法（简例）

1. 课程目标

知识目标：通过本次课程的学习，学生获得自我认知的基本技巧和方法，包括如何自我反思、自我评估等，帮助学生掌握相关知识。

能力目标：让学生掌握如何应对自我认知中的消极部分，迎接更好的自己。同时培养学生积极的心态，提升个人自信与自尊。

情感目标：培养学生积极的心态，提高自信心和自尊心。

2. 教学重难点：

重点在于帮助学生掌握自我认知的技巧和方法，难点在于使学生掌握并运用自我认知技巧以提升自信心和自尊心。

3. 课前准备：多媒体课件、彩色笔、A4纸、案例等。

4. 课程时间及对象：90分钟，大一新生。

5. 教学过程

（1）课程导入

欢迎词：向学生们表示欢迎，并对上次课程做简单的回顾。

开场示例：同学们好，在上一次课程中，我们一起深入学习了自我认识的重要性并进行了九型人格测试，这个测试帮助我们更好地了解自己。在课程的最后，我给大家布置了一个课后作业，要求大家分享对九型人格测试的理解以及通过这个测试所取得的收获。现在，在我们的第二次课程开始之前，我们来回顾一下上次课程的内容，大家分享一下自己的收获。

课程回顾（略）

同学分享过程（略）

总结示例：我们每个人都有自己的优点和需要弥补的不足，人无完人，因此我们要全面地看待自己，我们要学会欣赏自己，同时要理解和接纳他人与自己的不同之处，这样我们才能逐渐形成更完善的自我认知，享受快乐的人生。

引入本次课程：通过课程回顾和总结，引出本次课程内容及目标。

（2）常用自我认知技巧及要点讲授

自我反思：深入思考自己的内心体验来了解自己的心理状态，如定期反思自己的行为、情绪和想法，分析自己的优点和不足，理解自己的情绪、动机和需求等。

自我观察：对自己的行为、语言、情感等各方面进行观察，并从中获得对自己的认知，例如在日常生活中观察自己的行为和情绪反应，记录自己的想法和感受。

寻求反馈：通过观察他人的反应来间接了解自己的心理状态，也可以通过向他人寻求反馈，了解别人眼中的自己，从而更加客观地了解自己。

同伴比较或量表测量：通过与同龄人进行比较，了解自己处于什么样的水平。或者采用心理测验工具评估自己的心理特质，例如性格、能力、智力等。

参加课程培训或接受专业机构的指导：通过专业的培训或者辅导，学习关于自我认知的知识和技巧，同时通过在课程中与其他人交流和分享经验，提升认知能力。

小组交流及分享阶段，给学生5分钟时间，小组内讨论自己用过哪些方法进行自我认识，促进学生对自我认知技巧的掌握。

（3）我的自画像

活动要点：老师需要建立一个安全、受支持和鼓励性的环境，让学生通过自我画像这种创造性的方式来深入了解自己，提高自我认知水平。

①引导学生们做出承诺，创造安全的环境，让他们承诺不会去批评或否定评价其他同学的作品或者想法，尊重每一个同学。

②活动开始之前，给学生们做放松训练，引导他们进入课程环节。

③引导学生们在画纸上画出自己最想要表达的形象或符号。这个形象或符号可以是他们自己的外貌、个性特征、价值观、喜好等。

④提出开放性的问题，引导学生们思考，如"你为什么选择了这样

的颜色或形状来描绘自己？""这幅画中哪些元素代表了你的性格或价值观？""你最满意或不满意的是哪里，为什么？"等等。引导学生思考自己的绘画作品以及背后的意义。

小组及班级分享过程：把自己的作品展示给其他人，并分享他们所画的内容以及这些内容所代表的意义。鼓励参与者自由地表达自己的想法和感受，在这个过程中其他人不做出评价，只需要认真倾听。要点：创造一个自由表达的课堂，让每个同学都能够自由地反思自我、表达自我，同时也学会倾听他人、理解他人。

教师小结要点：回顾学生在绘画过程中所表现出的个性特点、在绘画过程中学生们遇到的困难、大家的解决方法以及学生们在分享中所表达的想法和感受。鼓励学生们将这次活动中学到的经验应用到日常生活中，以促进自我认知和个人成长。

（4）反馈与总结环节

总结与反馈可以从以下方面进行：①内容回顾，对本次课程知识点和自画像活动进行简要回顾。②反馈及建议：鼓励学生提供他们的反馈和建议或者对课程的看法。

（5）课后作业

制订一份简要的大学四年个人发展计划，包括四年中你想要完成或达到哪些目标，分别在什么时候达成，中间可能的困难以及你准备如何解决，为下一次课程做准备。

6. 课程反思（略）

（三）第三次课：绘制我的大学生活蓝图（简例）

1. 课程目标

本次心理团辅课程旨在帮助学生们深入理解自我、认识自我，通过完成课程学习，能够设计和规划未来四年的大学生活。通过这样的规划，学生们可以更好地找到自己在大学期间的生活方向，从而实现自我，提升综合素质。

知识目标：深入探讨大学生活的基本内容以及要完成的基本任务，掌握生活规划的相关知识，包括短期和长期目标设定、时间管理等。

能力目标：掌握如何进行自我职业生涯规划，包括职业兴趣评估、技能发展等的能力，以及学会如何处理复杂的情绪和人际关系，提高自己的适应能力和解决问题的能力。

情感目标：培养学生对大学生活的积极情感和态度，提升学生们对学习和生活压力的耐受性，学会在面对挑战和困难时保持冷静和乐观的心态。

2. 教学重难点

重点：培养学生对大学生活的积极情感和态度，包括对大学生活的期待、对自我提升的信心。培养学生自我规划的能力。

难点：掌握自我规划的方法，在未来学习生活中运用这项能力。

3. 课前准备：实训室准备、多媒体课件、彩色笔、白纸等。

4. 课程时间及对象：90分钟，大一新生。

5. 教学过程

（1）课程导入

欢迎词：向学生们表示欢迎，并对上次课程做一个简单的回顾。

课程回顾（略）。

同学分享过程（略）。

教师小结（略）。

引入本次课程：通过课程回顾和总结，引出本次课程内容及目标。

（2）大学生涯规划制订方法课程讲授

①确定大学期间要完成的目标

包括长期目标和短期目标、学习目标和工作目标，想要获得的荣誉等。

②制订计划

根据时间制订长期和短期的行动计划，例如学习计划、技能提升计划等。

③实施计划

预测实施计划中可能遇到的困难，如何根据目标及学习、生活的变化调整目标以及如何应对等。

④评估与调整法

在实施过程中，如何定期进行自我评估和职业规划的评估，及时发现问题并调整计划。

（3）小组互助

个人发展规划分享调整活动。让学生们分享自己在自我发展规划作业中的主要发现和认知，包括对自己的价值观、兴趣爱好、性格特点、优点和不足等方面的认识，以及对自己未来发展的初步规划。在此过程中，小组成员需要利用刚刚学习的知识，与分享人互相交流，提出自己的看法和观点，最终形成每个人独特的、目前阶段满意的自我发展规划蓝图。注意，该阶段需要完善规划内容，应包括学业规划、生活规划、职业规划和社交规划等多方面内容。

（4）为蓝图插上翅膀

教师讲授实现规划的方式途径，然后让学生据此进行自我思考。根据确定的目标，制订具体的计划，包括具体的步骤、时间安排和预期结果，形成一份清单。

小组分享及讨论，通过小组内分享，取长补短，完善各自的计划，形成最终的蓝图翅膀。

（5）反馈与总结环节

总结与反馈可以从以下方面进行：①内容回顾，对本次课程知识点和活动进行简要回顾。②反馈及建议：鼓励学生提供他们的反馈和建议或者对课程的看法。

6. 课程反思（略）

第三节　学业生涯指导课程实例

一、设计理念

本次课程旨在通过系统的教学，全面提升大学生的学业规划能力，帮助大学生更好地规划和管理自己的学习生活，促进其大学期间学业成绩的提升。本课程将激发学生的学习动机，培养他们的自律性和自主学习能力，确保学生能够合理地纾解学业压力，并有效地管理自己的学习生活。

首先，本课程将关注学生的内在学习动机，致力于唤醒学生对知识的渴望和对学业的进取心。通过一系列活动和案例，引导学生认识自我，明确学习目标，培养积极的学习态度。其次，教授学生高效的学习方法和策略。这些方法包括时间管理、记忆技巧和思维方式等，旨在帮助学生提高学习效率和质量。通过这些策略，学生们能够更好地掌握知识，更加自信地应对学业挑战。此外，本课程还注重引导学生正确看待和应对学业压力，教授学生有效的压力管理技巧和情绪调节方法，帮助他们更好地平衡学业与生活的关系，增强心理韧性。

通过学业生涯指导这门心理健康课程的学习，学生们逐渐培养起自主学习的习惯，增强自信和自律性。本课程将为学生们提供全方位的学业规划和心理健康指导，助力他们在大学期间取得卓越的学业成就。

二、课程目标定位

1. 知识与技能目标

（1）理解学习在大学生活中的重要作用；

（2）了解学习动机的基本知识；

（3）了解大学学习的特点和规律；

（4）掌握有效的学习方法、技巧和策略；

（5）了解学业压力的产生原因及应对方法。

2. 过程与方法目标

（1）帮助学生掌握有效的学习和思维方式；

（2）激发学生对学习的内在动力、兴趣和热情；

（3）培养学生的创新思维和实践能力。

3. 情感态度与价值观目标

（1）帮助学生树立正确的学习态度和价值观；

（2）培养学生对学习的热情和积极性；

（3）提高学生的抗挫折能力；

（4）培养学生在应对学业问题上积极的态度。

三、课程设计

（一）第一次课：学习动机的激发与培养（实例）

1. 课程目标

（1）了解学习动机的基本概念和理论。

（2）掌握激发和培养学习动机的方法和技巧。

2. 课程重难点

教学重点：学生能理解学习动机的基本概念和重要性，能理解不同动机类型对个体发展、个人学习的影响。

教学难点：在实际学习中运用激发策略，持续提高学习动机水平。

3. 课前准备：

整洁的团体辅导教室，提前按照分组摆好桌椅；彩色笔；A4纸；PPT等。

4. 课程时间及对象：90分钟，大一下学期学生。

5. 教学过程

（1）破冰游戏：知识就是力量

亲爱的同学们，欢迎来到今天的心理团体辅导课堂！现在，我们将进行一个有趣的小组知识竞答比赛。这个游戏旨在促进团队合作、激发学习兴趣，考验大家的知识储备的时刻到喽，大家准备好了吗？

游戏规则宣布：

在这个环节中，我们根据现有的分组进行游戏，老师这里有一个知识宝箱，里面包含了学科知识、生活常识、科技等多种类型的题目，每个题目的难度不一，分值都为1。队长代表小组上来随机抽取里面的纸条，老师进行提问。同学们，下面老师将宣布具体细则：

①提问和回答：按照小组顺序进行答题，只能回答一个答案，如果回答正确，该小组将获得1分；如果回答错误，该小组在本轮游戏内不能再回答，由其他小组进行抢答，抢答成功的小组将获得积分，抢答错误不扣分。

②积分记录：请各组学员们用桌上的纸、笔记录自己小组的积分。

③时限：每个问题思考时间为1分钟，请同学们在规定时间内回答问题，超时视为放弃。

④合作与分享：鼓励同学们积极分享知识和经验，希望小组同学们积极向组内其他成员提供建议和帮助。

⑤奖励：在游戏结束后，我们将为积分最高的小组颁发老师准备的小奖品，表彰他们的团队合作能力和知识储备量。

该活动属于竞赛小游戏，教师设计时需要注意以下要点：

①教师要明确游戏的目标和目的。游戏是为了提高学生的知识水平、增强团队协作能力，还是为了激发学习兴趣和动力。在本次课程中是为了激发学生的好胜心以及对于知识储备的渴望，激发学生学习的动力，因此，活动中注意调动学生的竞争意识。

②教师一定要熟悉游戏规则，在游戏前，要清晰地介绍游戏的规则和流程，如答题方式、答题时间、得分方式等，避免出现不公平、不清晰等影响活动的现象。在游戏中也要把握规则方向，避免出现混乱和不必要的争议。

③题目应该难度适中、题目之间的难度差别不要太大，且有标准的答案，不要设计开放性问题。

④一定要注意安全，在活动开始前做好安全提示，需要仔细检查场地，避免学生因争抢或碰撞而受伤。

小组分享与总结：邀请没有获胜的队伍分享与总结，再邀请获胜队伍分享经验。

教师小结：通过这个知识竞赛的破冰游戏，我们体验到了团队合作、竞争与挑战的乐趣，也能感受到知识的重要性。我们一起给获胜的队伍鼓鼓掌，恭喜他们；下面给我们自己鼓鼓掌，感谢我们每个人用心对待自己，感谢为自己的队伍作出贡献。在这里我要表扬李某某、张某某、王某某等在活动中回答正确的同学们，在游戏中你们的扎实知识储备和敏捷思维，让同学们感受到了知识的力量。同时，我也要感谢×组同学，他们非常积极地参与这次活动，他们的合作和努力也让我们看到了团队的力量。接着我要表扬我们的X组同学，你们虽然没有获得比赛的胜利，但你们不放弃、不抛弃、不责怪，让同学们看到了一个无比温暖的团队。

"是故学然后知不足，教然后知困。知不足，然后能自反也；知困，然后能自强也。".通过这个游戏，我们才发现原来好多的知识我们还不知道呢。我们还需要继续努力学习，以后在类似的活动中才能拔得头筹。

（2）知识讲解：学习动机

①学习动机概念：学习动机是指引发与维持学生的学习行为，并使之指向一定学业目标的一种动力倾向。

②通过提问总结法，总结出学习动机的类型及特点。

首先，根据学习动机的来源，可以分为内部动机和外部动机。内部动机是由个体内在的兴趣、价值观和目标所驱动，促使个体进行学习活动。这种动机来自个体内部，比较稳定和持久，能够让学习者更加自主地学习。而外部动机则是由外部因素所驱动，例如奖励、惩罚、竞争和期望等。这种动机可以让学习者有一定的外部压力，但可能不是持久和稳定的。

其次，根据学习动机的作用和特点，可以分为近景动机和远景动机。近景动机是指与当前学习活动直接相关的动机，例如为了考试、为了获得老师或同学的认可等。这种动机比较具体而且是短期的，能够让学习者有明确的学习目标和动力。而远景动机则是指与长期目标或个人发展相关的动机，例如为了未来职业发展、为了提高自身素质等。这种动机比较长远和广泛，能够让学习者有更强的持续动力和热情。

此外，根据学习动机的内容和性质，可以分为认知动机、成就动机、威信动机和利他动机等。认知动机是指个体对知识的渴望和好奇心，追求知识的完整性和系统性。成就动机是指个体追求成功和成就的欲望，希望在竞争中获得胜利或达到一定的标准。威信动机是指个体希望获得他人的认可和尊重，有一定的社会地位和声望。利他动机是指个体为了他人或社会的利益而进行学习活动，具有一定的公益性和利他性。

（3）学习动机探索家

学习完刚刚的知识，大家都知道了我们学习有很多种动机，每一种动机都有着不一样的分类，其实他们的作用也不一样。现在我们来探索一下自己的学习动机吧。现在请大家跟着老师的问题思考："你喜欢学习吗""你为什么喜欢/不喜欢学习？""你为了什么而学习？""你是否有过放弃读书的想法，是什么让你最后选择继续学习？"（通过提问帮助学生思考自己的学习动力和目的。）现在请大家进行小组讨论，完成以下两个任务：

①找出自己的学习动机有哪些，并对自己的主要学习动机进行分类。

②组员们互相分享促进自己学习、有利于自己学习动机的方式方法，以及他们是如何以此激励自己学习的故事。

教师小结：学习动机分类活动告一段落，我看到同学们从多个角度去审视自己的学习动机，这是非常好的。现在老师做一个小结，我们在这个过程中深入了解了学习动机的多样性和复杂性，我们也认识到学习动机对于学习效果的重要性，特别是有的同学分享了他们曾经错误的学习动机，让他们走了弯路的经验，使得小组的同学受益颇多，我们在未来的学习中要继续探索自己的学习动机。

（4）学习动机测量

通过刚刚的活动，我们对自己的学习动机来源、动机分类都有了初步的了解，现在我们来学习一个新的知识，它叫学习动机测试。这个测试是一个心理评估工具，它可以更好地帮助我们了解自己的学习动机强弱。同学们一定要注意，这个测试并不是为了判断好与坏，也没有对错之分，希望大家能够积极参与，诚实回答问题。

1. 是否想在学习上成为班级第一名？		
A. 不想	B. 有时想	C. 经常想

2. 你考试获得好成绩时，是否想得到老师表扬？		
A. 经常想	B. 有时想	C. 不想

3. 你是否认为，学习上碰到不会的地方，只要努力钻研一定会明白的？		
A. 不认为	B. 有时认为	C. 经常认为

4. 你是否想在和同学的学习竞赛中获胜？		
A. 经常想	B. 有时想	C. 不想

5. 你是否认为，只要用功学习成绩就会有所提高？		
A. 不认为	B. 有时认为	C. 经常认为

6. 你是否认为，只要努力学习即使不喜欢的功课，也会变得有兴趣？
A. 经常认为　　　　B. 有时认为　　　　C. 不认为

7. 你在专心学习的时候，是否对周围发生的事情在意？
A. 不在意　　　　B. 有时在意　　　　C. 经常在意

8. 你是否认为，平时好好学习，考试就会取得好成绩？
A. 经常认为　　　　B. 有时认为　　　　C. 不认为

9. 你是否认为，在测验和考试期间，可以不参加运动和游戏？
A. 不认为　　　　B. 有时认为　　　　C. 经常认为

10. 你是否认为学习紧张的时候，可以不和同学玩？
A. 经常认为　　　　B. 有时认为　　　　C. 不认为

11. 你是否在疲劳的时候，还想再查看一遍已经做完的功课？
A. 不想　　　　B. 有时想　　　　C. 经常想

12. 你是否想在平时复习好功课，以便能随时回答老师的提问？
A. 经常想　　　　B. 有时想　　　　C. 不想

以上各题，凡奇数题1、3、5、7、9、11，选A得1分，选B得2分，选C得3分；凡偶数题2、4、6、8、10、12，选A得3分，选B得2分，选C得1分。各题得分相加出总分：

总分为12—21分：学习动机较弱；

总分为22—27分：学习动机中等；

总分为28—36分：学习动机较强。

（5）小组讨论

案例呈现：

①我是一位来自山区的大一女生，由于家庭经济困难，父母告诉我努力读书才有出路，一直以来我学业成绩也很优秀。然而，当我迈入大学校门后，我的内心突然变得茫然起来，对学习失去了动力，生活也失去了目标。有时候，我想到辍学在家的妹妹和辛劳的父母，会恨自己没有好好学

习，但我又真的找不到努力的目标和动力。我试图强迫自己努力学习，但总是无法集中精力。我甚至开始怀疑自己的能力，失去了自信。我上课时打不起精神，不是因为我喜欢上网而荒废了学业，而是因为我真的感到很疲惫，没有动力去面对看似无趣的学习，我该怎么办？

②我是一名大学新生，来自一个普通家庭，父母对我的期望很高，希望我能通过学习改变家庭的命运。其实我不喜欢学习，但是我的父母望子成龙，为了不辜负他们的期望，我努力学习，从小学到高中，我的成绩一直名列前茅。然而，进入大学后，我发现大学的竞争更加激烈，自己身边的同学都比我优秀，这让我感到压力很大。我想着反正父母也不在，他们不知道我学得好不好，我就不想学习了，但是有时候又觉得很愧疚，这是在自欺欺人。同时，我也发现自己的学习方法跟不上大学的节奏，却不知道如何改善。因为种种原因，我失去了学习的动力，甚至对未来感到迷茫，我该怎么办？

③我一直都非常努力，好好学习，是家里的骄傲，可现在学习却成了我心中的倒刺。事情是这样的，我们寝室是整个班级里成绩最差的寝室，而我作为寝室里成绩最好的人，在班级却只处在中等水平，这让我觉得特别丢脸。刚开始，室友们叫我"好学生"，我其实还挺开心的，毕竟是对我成绩的一种肯定。但后来，我渐渐觉得这更像是一种嘲讽。为了和大家更亲近些，我试着改变自己的学习习惯，也和室友们一起吃喝玩乐。那时候，生活好像变得轻松了，我也很开心，但我心里明白，这样下去对我的未来没好处。于是，我开始疏远室友们。但这样做，我又觉得孤独、迷茫。有一次期末考试，我的成绩一落千丈，甚至部分专业课挂了科。回到家，爸妈狠狠地教训了我一顿，让我意识到自己真的做错了。现在我真的很迷茫，不知道该怎么办。我知道自己不能再像之前那样浑浑噩噩地过日子了，但要找回之前的学习状态，也不知道怎么办。

请各小组选择一个案例展开讨论，完成以下小组目标：分析故事主角学习动机中存在的问题，并为他们找到正确的解决方法，帮助他们摆脱目前的状态，重新回归学习的正确途径。

小组汇报分享：

A组对于学习动力不足的女生给出的分析：缺乏内部动机，因此需要帮助她找到学习的意义和价值。让她明白学习是为了什么，能够带给她什么。例如，学不懂数学可以尝试了解数学在日常生活中的应用，比如在金融、科技等领域中的应用，激发自己学习的动机。通过案例描述可以发现，她的学习方法较为单一，没有找到适合自己的学习方法，因此鼓励她尝试不同的学习方法。例如，教女生使用游戏化的学习方法，或者组织小组讨论，与其他同学一起学习和交流，当小组长等多种方法，帮助她在学习中找到乐趣，提高学习的效率和质量。鼓励她多参加课外辅导和拓展活动，提高她的综合素质和能力。当遇到学不会的地方，要能够主动寻求帮助和支持。学习是一个长期的过程，需要不断的支持和鼓励。告诉她，可以寻求老师、辅导员、同学等人的帮助和支持，每天给自己加加油，给自己一些正面的激励和奖励，增强自信心和动力。

B组……

C组……

教师小结：

首先，我们学习了学习动机的定义，接下来，我们讨论了如何激发学习动机。在案例分析环节，我们通过实操训练探讨了如何激发不同类型学生的学习动机。学习动机就是让你愿意去学，让你坚持学下去的那个"东西"。有时候，是兴趣驱使你去学；有时候，是你想证明自己、得到别人的认可；有时候，是外部的奖励或惩罚。只有有了强烈的动机，才能真正地克服困难，学进去。要提升学习动力还可以找些有意思的学习内容，让自己觉得好奇，想一探究竟。其次，时不时地给自己点小奖励，比如学完某个章节后，可以奖励自己一个小零食或玩一会儿手机。另外，定个学习目标，一步一步去实现，每完成一个目标都会有成就感。对于那些不太自信或觉得学习枯燥的同学，我的建议是：试试一对一辅导或找个学习伙伴，有人陪着学可能会更有动力；对于不感兴趣的科目，试着找到它与生活中的联系，或者用不同的学习方法试试。总的来说，想学得好，要先有动力去学。

而对于特殊情况，我们就要有针对性地进行调适，对于那些缺乏自信的学生，我们可以提供个性化的辅导和鼓励，以增强他们的自信心。而对于那些缺乏兴趣的学生，我们可以尝试将学习内容与他们的兴趣联系起来，以激发他们的学习兴趣。总的来说，通过本次课程的学习，我们了解了如何识别和激发学习动机。在实际学习活动中，我们应该根据自身特点灵活运用这些策略，以最大限度地促进自己的学习和发展。

6. 课程反思

在教学内容设计上，在本次课程中，笔者介绍了学习动机及激发动机的重要性，并详细阐述了学习动机的分类和特点。为了使学生更好地理解和运用所学知识，笔者通过案例分析和现实生活中的实例，重点讲解了如何根据学生特点设计更具针对性的教学策略。为了帮助学生更好地理解自己的学习动机，笔者利用自测学习动机问卷帮助学生了解自己的学习动机类型和程度。

在学生参与度方面，在本次课程中，笔者注意到学生的参与度存在一定的问题。尽管小组讨论环节学生能够积极参与，但在讲解环节，部分学生的参与度不高。经过反思，笔者认为这可能是由于在授课过程中未能充分关注学生的反应和需求，导致部分学生对课程兴趣不够。为了解决这一问题，笔者计划在未来的教学中加强与学生的互动，鼓励他们积极发表观点和意见，并及时调整教学策略以满足学生的需求。

在课程深度上，在本次课程中，笔者认识到可能对于大学生而言，学习动机的知识点这里还可以增加一些内容，内容深度不够，影响了大学生的求知欲，适当增加深度，能够更进一步提高学生的学习效果。在未来的教学中，笔者需要拓展教学内容，引入更多具有难度的实例和问题，以促进学生对课程的深度思考。同时，笔者也会加强对学习动机理论和实践的研究，不断更新知识体系，以便为学生提供最新、最全面的学习动机激发方法。

（二）第二次课：学习方法指导（简例）

1. 课程目标

（1）知识目标：

①帮助学生掌握有效的学习方法和策略，提高他们的学习效率和学习

成绩。

②使学生了解并掌握如何合理规划和管理自己的学习时间。

③使学生掌握相关的学习资源与工具，包括了解如何利用各种学习资源，如图书馆、网络资源、实验设备等，以及如何使用各种学习工具，如笔记、思维导图、时间管理软件等。

（2）情感目标：

①通过课程，学生对学习产生积极的兴趣和热情，认识到学习的价值和意义，从而激发其学习的内在动力。

②提高学生学习的自信心，挖掘学生在学习中的潜力，从而让学生更加自信地面对学习和生活中的挑战。

③树立学生积极向上、实现自我的信念，培养大学生克服学习困难、实现学习目标的信心。

（3）能力目标：

①培养学生自主学习的能力，包括制订学习计划、选择学习策略、自我评估等方面的能力。

②掌握合作完成学习任务的能力，通过课程学习能够积极参与团队讨论、分工合作，作为积极分子提高团队协作效率。

2. 教学重难点

教学重点：学习策略的概念、分类，以及不同学习策略的使用情境，SQ3R学习法相关知识的学习。

教学难点：使学生能够掌握并在学习中熟练运用SQ3R学习法。

3. 课前准备：多媒体课件、纸、笔、计时器、记忆游戏材料、小奖品等。

4. 课程时间及对象：90分钟，大一新生。

5. 教学过程

（1）课程导入

致欢迎词，并对上次课程进行简要回顾，引出本次课程。

开场示例：亲爱的同学们，大家好！在上一节课中，我们深入了解了学习动机的概念、分类以及如何激发学习动机等方面的知识，还对自己的学习动机进行了测试，通过测试大家对自己的学习动机也有了大概的了解。相信大家已经对学习动机有了更深刻的认识，并且想要将其转化为实际行动。在随后的案例分析与讨论中，请同学们深入思考如何帮助故事的主人公提升学习动机。有的同学，虽然找到了学习动机想要学习，可是却找不到方法，这样也不能提高学习效率。因此，为了更好地帮助大家掌握高效的学习方法，今天我们将一起探讨学习方法的相关内容。首先，我们进行一个简单的课程回顾，请同学们简单分享一下你们的收获。

课程回顾。（略）

同学分享过程。（略）

引入本次课程：通过刚刚的课程回顾和总结，引出本次课程内容及目标。

（2）SQ3R学习法教学

①介绍SQ3R学习法的背景和重要性，吸引学生的注意力。

SQ3R方法是一种主动、系统的学习方法，由美国俄亥俄州州立大学心理学教授罗宾逊（F. P. Robinson）在《Effective Study》中提出的一种提升学习能力的有效方法。这套方法最初是为美军特种部队训练所设计，后被广泛用于几乎所有学科领域。它可以帮助个体在阅读中抓住重点，并且在适当的学习后记住有用的知识，让阅读和学习更有效率和效果。

②通过案例讲解让学生知道SQ3R学习法是一种有效的学习方法，可以帮助学生提高学习效率和成绩。

小李是一名新入校的大学生，他发现大学学习让他感到很吃力，因为课程难度比高中要高很多，他无法跟上老师的进度，每天都要应付沉重的学业，但他总是感觉自己的学习效率不够高。他常常花费大量时间看书，但在测试时却发现自己并没有掌握多少知识。他很困惑，不知道该如何提高自己的学习效率。后来老师了解了他的困惑后，给他讲解了SQ3R学习法，小李使用SQ3R学习法来提高自己的学习效率，发现自己学习轻松了很多。慢慢地他的学习成绩逐渐提高，自信心也得到了极大的增强。

③SQ3R学习法内容学习

1）详细介绍SQ3R学习法的概念和内涵。

2）解释SQ3R学习法的五个步骤：浏览、提问、阅读、复述、复习。

3）通过实例讲解如何运用SQ3R学习法进行阅读、笔记和复习。

④教师小结

1）总结SQ3R学习法的应用优势，包括提高学习效率、增强理解和记忆能力、培养自学能力等。

2）给出运用SQ3R学习法提高学习效率的建议，如合理安排时间、制订学习计划、积极思考等。

（3）注意力集中训练（拍7令游戏）

以淘汰赛的形式开展拍7令游戏，全班所有人都要参与，需要所有同学集中注意力进入这个游戏。游戏经一定改编，适用于全班，现介绍规则。

①全班学生围成一个圈，由老师选择一位学生，任意交代起始数字，开始顺时针报数。

②当报到的数字是7的倍数（如7、14、21等）或者数字中包含7（如17、27等）时，该同学不说话并跺脚，其他同学则需要拍手一下。

③如果报错数或者反应时间太长（停顿不超过3秒），则该同学被淘汰。如果遇到尾数为7或7的倍数，其他同学没有拍手，也会被淘汰。

④被淘汰的同学需要离开圈子，剩下的同学继续进行游戏，直到只剩最后一人，则该人为胜者。

⑤每组组长作为帮手协助老师进行游戏。

活动要点及注意事项：

①在游戏开始前，教师需要选择一个合适的报数起点，以确保游戏在合理的时间内进行。如果起点太低，可能会导致游戏进行得太快，如果起点太高，可能会导致游戏进行得太慢，最好不要超过30。

②老师需要确保游戏的公正公平，不应该偏袒任何一方。在游戏过程中，老师应该密切关注学生的表现，并及时淘汰报错数或反应时间太长的学生。

③老师需要积极引导学生参与游戏，提高他们的参与度和兴趣。如果有学生不愿意参与或者不敢报数，老师可以给予鼓励和支持，让他们勇敢地参与游戏。对于实在不愿意参加的学生也要尊重他们的意愿，允许他们在一边观看。

④老师需要控制游戏的节奏，确保游戏在合理的时间内进行。

⑤及时解决问题：在游戏过程中，如果遇到任何问题或争议，老师需要及时解决，以确保游戏的顺利进行。

学生分享及教师小结（略）。

（4）记忆力大比拼（自行设计）

①老师提前准备好无意义乱序汉字或数字串，并进行编码。

②由组长上台抽取数字串，并公开展示。

③10秒时间小组进行记忆，第二个10秒内，该组需要按顺序回忆起呈现的材料，并进行汇报。

④每组在本轮游戏内只有一次回答机会，答错或者放弃，其他组进行抢答。

⑤在游戏开始前，有5分钟时间进行小组讨论及分工合作。

活动要点及注意事项：

①活动材料准备的注意事项：无意义乱序句子或数字串等材料准备要符合大学生群体，不宜过于简单，也不能有规律；要确保每个小组都有机会抽到不同难度和内容的汉字组或数字串进行记忆。

②活动中要注意引导学生使用课堂中学习的记忆技巧来帮助自己更好地记忆。

③要注意观察学生的反应和情绪变化，如有异常情况需及时进行处理。

④在总结环节，老师需要引导学生自主发言分享游戏体验和收获，鼓励学生互相学习和交流经验。

（5）反馈与总结环节（略）

（6）课后作业（略）

6. 课程反思（略）

（三）第三次课：学业压力管理（简例）

1. 课程目标

（1）知识目标：

①了解学业压力的来源和影响。

②了解自己的学业需求及压力情况。

③掌握学业压力管理策略相关知识，例如时间管理、学习方法掌握和

情绪调节等。

（2）情感目标：

①培养学生积极面对学业压力的心态，要敢于挑战困难和接受挑战。

②增强学生学习的自信心，包括学习能力、压力管理等。

（3）能力目标：

①运用学业压力管理策略相关知识，例如时间管理、学习方法掌握和情绪调节等进行学业压力管理。

②培养学生自我情绪管理及调节能力，让他们学会在面对学业压力时保持心理平衡和冷静。

2. 教学重难点

教学重点：帮助学生认识到学业压力的影响和如何制订有效的学业压力管理计划。

教学难点：如何通过游戏活动和小组讨论引导学生积极主动参与并深刻理解学业压力及其管理方法。

3. 课前准备：学业压力测试工具、气球、多媒体课件、纸、笔等。

4. 课程时间及对象：90分钟，大二学生。

5. 教学过程

致欢迎词，并对上次课程进行简要回顾，引出本次课程。

开场示例：亲爱的同学们，大家好！很高兴在这个美好的一天里与大家再次见面。我们在之前的课程中，学习了激发学习动机和高效学习的方法，大家是否有收获呢？今天我们将继续探讨与学习紧密相关的另一个话题——学习压力的应对和管理。

（1）课程导入

在开始之前，请先跟我一起来做几个深呼吸，放松一下身心。现在，请你们把注意力集中在呼吸上，感受呼吸的节奏，想象每一次吸气都带走了身体里的紧张和压力，每一次呼气都释放了内心的平静和安宁。好的，现在请你们用最舒服的姿势坐好，我们开始今天的课程。（为避免压力这一主题给学生造成心理预期的压力感，让学生对本次课程产生心理排斥，特设计本活动。）

（2）吹气球比赛

内容：通过吹气球比赛活动，让学生亲身体验并观察其他同学的表现，引出学业压力话题。参与方式：全体学生参与吹气球比赛。

游戏规则：

①游戏开始前，每位同学会得到一个气球。

②在规定的时间（1分钟）内，同学们需要尽力吹大自己的气球。

③当时间到达或气球爆炸时，游戏结束。

④比赛结束后，每一组组长将测量每个气球的大小，并选出小组内最大气球的所有者。

⑤如果两个或更多的气球大小相同，那么他们将被视为并列第一。

⑥如果有任何气球在比赛中爆炸，那么该气球的所有者将被宣布为无成绩。

教师提醒注意事项：不要将气球吹得过快，以避免过度用力导致头晕或不适。如有不适宜参加的同学，请举手示意。

学生分享。（略）

教师小结：通过刚刚的活动和同学们的分享，如果把我们自己比作气球，把吹进去的空气比作学习上的压力，气球的变化展示了面对学业压力时我们可能经历的四种状态。

当我们给气球吹的气不够时，它是瘪瘪的。这可以理解为在压力太小的情况下，我们可能会感到学习缺乏动力和积极性，找不到学习动力和方向，也就是我们之前课程中说的缺乏学习动机。

当我们给气球吹的气刚好与气球本身的承受能力达到一个平衡时，它变得饱满且富有弹性。这就说明，在适度的学业压力下，我们能够保持积极心态并适应学业带来的挑战。

然而，当我们再往里面吹进去空气，气球就会变得失去弹性，这时候稍有外来刺激，它就可能会爆破。刚刚有的同学气球吹得很大，结果一不小心气球就爆炸了。这表示当学业压力超过我们所能承受的范围时，我们很可能会感到疲惫、无力和失望，无法再像以前那样自如地应对学业。

当我们继续吹空气，气球能够承载的空气严重超标的时候，它会撑破爆裂。这象征着当学业压力过大，导致我们的心理防线被突破时，我们可能会崩溃或失去理智，无法再维持正常的学习和生活。

通过刚刚的游戏，我们看到了学业压力过大可能造成的危害，我们应该如何管理我们的学业压力，使我们能够保持积极心态并适应学业带来的挑战呢？

（3）学业压力和管理技巧知识讲解

通过讲解PPT，引导学生了解学业压力的来源、影响和后果。

①学业压力概念和内涵；

②大学生主要学业压力来源；

③学业压力对大学生学习的影响；

④学业压力过大造成的消极后果案例分享。

李某是一名大三学生，就读于一所名牌大学，他是他们班上的优秀学生，连续几年获得奖学金。李某来自一个普通的农村家庭，是家中的独生子。他的父母为了供他上学，辛勤劳作，希望他能够在未来有一份好的工作，改变家庭的命运，李某因此学习特别刻苦。

然而，随着学习的深入，李某感到越来越大的压力。他为了保持优异的成绩，每天都在努力学习。同时，为了提高自己的综合能力，他还加入了多个社团和实验室，但繁重的社团活动和实验室工作也让他无法抽出足够的时间来学习。

上一次期末考试成绩出来了，他的成绩下降了很多。在岸边，他留下了一份遗言后离开了这个世界："我再也受不了了，学习压力太大，我感到无助和孤独。我想离开这个世界，但我不想伤害我的家人。请原谅我的懦弱，我走了。"

李某的离去给他的家人和朋友们带来了无法弥补的伤痛，也给学校和社会敲响了警钟。学业压力过大的后果是非常严重的，可能会导致学生产生心理问题、身体疾病甚至做出自杀等行为。请同学们帮忙分析一下导致李某学业压力巨大的原因有哪些。如果你是李某，你会采用哪些方法来应对这些学业压力呢？给大家五分钟时间进行小组讨论。

（4）头脑风暴解压力

以"如何有效管理学业压力"为主题，全班学生为对象，开展头脑风暴，引导学生"大开脑洞"主动思考并分享自己的经验和观点，鼓励他们积极表达自己的想法和感受。在此过程中，将所有学生的想法和意见收集起来整理成一份清单，列在黑板上。

（5）小组讨论厘清思路

各小组展开讨论，对黑板上的清单进行分析和分类，找出共性和规律，并依据讨论结果，深入探讨每个观点的可行性，选择其中2个制订一套完整的实施步骤。

教师选择部分小组总结进行分享和点评。

该部分注意事项。首先，在小组讨论结束后，教师需要认真听取学生的发言，理解他们的观点和想法，对不适宜的地方做出修正，避免错误的导向；并要对讨论成果进行充分的梳理和总结。其次，在总结实施步骤的过程中，需要强调制订的压力管理策略和实践方法要具有可操作性和实践性。最后，教师在讨论中需要巡视教室，给小组讨论提供必要的帮助和支持。

（6）反馈与总结环节（略）

（7）课后作业（略）

6. 课程反思（略）

第四节　大学生职业生涯规划课程实例

一、设计理念

笔者为大学生职业生涯规划这门课共设计了四次课程，包括认识职业生涯规划、职业自我认知与职位定位、职业目标设定与计划、模拟我的职场生涯。这次主题课程旨在帮助大学生了解职业生涯规划的重要性和基本步骤，协助他们探索职业自我，设定个人职业目标，并制订实施计划。具体而言，首先，帮助大学生了解职业生涯规划的基本概念、意义、重要性，以及职业生涯规划的基本原则和方法。其次，提升大学生职业自我认知与职位定位的认知。通过职业自我评估和职业兴趣测评，大学生将了解自己的职业优势、职业兴趣、职业价值观和职业技能等，进而明确自己的职业方向和目标。再次，通过制订明确的职业目标，培养大学生设定职业目标与计划的能力。最终，学生将能够更好地了解自己的职业兴趣、职业优势和职业价值观，明确自己的职业定位，设定明确的短期和长期职业目标，并制订出可行的实施计划，为未来的职业生涯做好充分准备。通过模拟面试、简历撰写等实际操作练习，学生可以提升求职技能和职业素养。总之，这个课程能够帮助大学生更好地了解自己，明确自己的职业方向和目标，掌握实现职业目标的方法和策略，并加以实际操作训练，为他们的未来就业和职业发展做好充分的准备。

二、课程目标定位

1. 知识与技能目标

（1）理解职业生涯规划的基本概念、意义及重要性，了解职业生涯规划的基本步骤。

（2）掌握职业自我认知的基础知识，以及职业定位的方法和技巧。

（3）掌握霍兰德职业测评工具、SMART目标设定原则，能够根据职业定位设定明确的短期和长期职业目标。

（4）熟悉求职技巧和职场礼仪，包括简历撰写、求职信写作、面试技巧等。

2. 过程与方法目标

（1）熟悉职业定位的步骤和方法，掌握职业定位的技巧和方法，能够根据专业、性格等情况，锚定恰当的职业方向和发展目标。

（2）根据SMART目标设定原则，能够设置合理的职业目标，并分解为可实现的具体行动计划。

（3）掌握求职技巧和职业素养，提升就业竞争力。

3. 情感态度与价值观目标

（1）树立正确的职业观和价值观，理解职业生涯规划对个人成长和发展的重要性。

（2）建立职业自信心，坚定职业目标和人生价值。

（3）培养自信、积极、合作、创新的职业情感态度，具备良好的职业素养和职业交往能力。

三、课程设计

（一）第一次课：认识职业生涯——霍兰德职业测评工具应用（实例）

1．课程目标

（1）认识职业生涯规划，了解职业生涯规划的重要性和必要性。

（2）掌握霍兰德职业测评工具并进行自我评估，找到自己的职业兴趣和方向。

（3）引导学生规划自己的职业发展路径。

2．课程重难点

教学重点：理解和掌握霍兰德职业测评工具的使用方法，并了解自己的职业类型。

教学难点：理解并掌握职业规划的步骤和方法，特别是对于自我评估和职业探索的深度理解和实践。

3．课前准备

整洁的团体辅导教室，提前按照分组摆好桌椅；职场大冒险活动材料；霍兰德职业测评表；A4纸；PPT等。

4．课程时间及对象：90分钟，大三下学期学生。

5．教学过程

大家好，欢迎参加我们的认知职业生涯心理团辅活动。我是今天的活动主持人，很高兴能与大家共同探讨如何更好地认知自己的职业生涯。

职业生涯是每个人生活中不可或缺的重要组成部分。它是我们实现自我价值、追求幸福生活的重要途径。然而，在现实生活中，我们常常会遇到各种挑战和困难，导致我们的职业生涯发展并不如预期。为了帮助大家更好地应对这一问题，我们特地组织了这次心理团辅活动。

通过本次活动，我们可以一起探讨如何认清自己的职业兴趣、职业优势和职业价值观，从而更好地制订职业目标和发展规划。希望大家积极参与本次活动，共同学习、互相借鉴，从彼此的分享和交流中收获更多启示。让我们一起为自己的职业生涯添砖加瓦，迈向更加美好的未来！

（1）导入游戏：职场大冒险（自行设计）

①教师带着全班学生进行一个简单的热身活动——大雨点、小雨点活动，以帮助他们放松身心，更好地进入游戏情境。

②向全班学生解释游戏的规则和目的，需要强调游戏的最终目的是帮助他们更好地理解每一种气质类型在工作中的优缺点，并且要根据自己的气质类型进行正确的职业规划。

③PPT呈现职场情境

你是一名新来的实习生，你被总经理委派了一项重要任务。然而，在执行任务的过程中，部门领导又来交代了一遍，但是你发现部门领导和总经理对该任务的具体要求存在分歧。你心存疑虑，向部门领导核实，部门领导坚持让你按照他的要求做，这时候你不确定应该听从谁的指示。考虑到部门领导是你的直接上级，你决定按照他的要求去完成任务。

然而，当部门领导将你的成果提交给总经理后，却遭到了总经理的严厉批评。原来，是部门领导对总经理的要求产生了误解，导致你的努力白费。不仅如此，部门领导把责任全部推给你，说你自作主张并要开除你。你为辜负了总经理的期望感到自责，同时对部门领导的甩锅行为感到生气。如果是你，你会怎样做？

④简要回顾希波克拉底气质体液说，每组学生上台随机抽取一种体液特质（多血质、胆汁质、黏液质、抑郁质），给各小组3分钟时间讨论这种特质的人在这种职场情境中会如何应对。例如，如果一个组被分配到"多血质"特质，他们可以讨论这种特质的人如何在团队中处理冲突，他们可能会采取怎样的方式，试图怎样做来解决冲突。

⑤每组学生选派代表，将抽取的体液特质与职场情境结合起来，进行角色扮演。他们可以通过表演来展示这种特质的人在这种职场情境中会如何行动，以及可能的结果是什么。

⑥在所有组表演完毕后，让其他组的学生进行投票。每个学生将自己

的三票投给表演最符合职场情境、最能展现体液特质的小组。

⑦老师总结每个组的表演，进行点评，并对投票结果进行公布。

小组分享与总结：随机邀请没有获胜的队伍分享与总结，再邀请获胜队伍分享经验。

教师小结示例：

通过刚刚的职场大冒险活动，我们可以认识到，每个人在职场中都是独一无二的，我们拥有自己的职业个性、职业习惯和职业风格，这些特点可能使我们在某些工作环境中表现出色，也可能在一些情境下给我们带来困扰。也就是说，每一种气质类型都有其独特的优点和缺点。为了能在职场中更好地匹配自己的职业兴趣，大家需要了解职业自我，对自己的职业生涯进行规划，才能帮助我们找到最能发挥自身优势的工作环境，可以更好地匹配到最适宜自己的职业，并在职场中取得成功。下面我们一起来学习职业生涯规划及职业自我认知部分吧。

（2）知识讲解：职业生涯规划

职业生涯规划：指个人在职业发展中，通过制订长远的目标和计划，以及采取有效的行动来达成这些目标的过程。

职业生涯规划步骤：

①自我评估：这是职业生涯规划的第一步，需要对自己进行全面的评估，内容包括自己的职业兴趣、职业价值观、职业技能和职业特长等方面。

②职业目标设定：基于自我评估的结果，制订长期和短期的职业目标。这些目标应该是具体、明确和可衡量的。

③职业行动计划：为了实现职业目标，需要制订具体的行动计划。

④实施职业计划：将计划转变为实际行动，不断调整计划以适应新的情况。

⑤评估和调整：职业生涯规划是一个持续的过程。在实施计划的过程中，需要定期对进展情况进行评估，并根据评估结果进行调整。

常用的职业测评工具及方法：

①用职业兴趣测试来了解自己的兴趣爱好和擅长的领域：如霍兰德职

业测试；MBTI性格测试；Strong职业兴趣测验。

②用职业价值观问卷来了解自己的价值观和职业期望：工作价值观问卷；职业锚测试；罗克基价值观调查表。

③用职业发展评估工具来评估自己的职业发展阶段和目标：Learning Agility Architect；职业生涯测评量表。

（3）职业测评工具——霍兰德职业兴趣量表

同学们，我们一起学习了职业规划的概念、步骤和主要工具。现在，我们来进行自我的职业探索吧。接下来，我们将进行一个有趣的测试——霍兰德职业兴趣量表测试，这个测试将帮助大家更好地了解自己的职业兴趣和倾向。

在进行这个测试之前，我想提醒大家注意以下几点：

①请根据你自己的真实情况和想法作答。这个测试没有正确或错误的答案，它只是帮助你更好地了解职业自我。

②当你回答问题时，不仅要考虑你的兴趣爱好，还要考虑你的职业技能、职业价值观和职业目标。

霍兰德职业兴趣测量表

请根据对每一题目的第一印象作答，不必仔细推敲，答案没有好坏、对错之分。具体填写方法是，根据自己的情况，如果选择"是"，请打"√"，否则请打"×"。

1. 我喜欢把一件事情做完后再做另一件事。	（ ）
2. 在工作中我喜欢独自筹划，不愿受别人干涉。	（ ）
3. 在集体讨论中，我往往保持沉默。	（ ）
4. 我喜欢做戏剧、音乐、歌舞、新闻采访等方面的工作。	（ ）
5. 每次写信我都一挥而就，不再重复。	（ ）
………	
59. 大家公认我是一名勤劳踏实的、愿意为大家服务的人。	（ ）
60. 我喜欢在人事部门工作。	（ ）

职业人格的类型：（符合以下"是"或"否"答案的记1分，不符合的记0分）

"常规型："是"（7，19，29，39，41，51，57），"否"（5，18，40）。

"现实型"是"（2，13，22，36，43），"否"（14，23，44，47，48）。

"研究型"是"（6，8，20，30，31，42），"否"（21，55，56，58）。

"管理型"是"（11，24，28，35，38，46，60），"否"（3，16，25）。

"社会型"是"（26，37，52，59），否（1，12，15，27，45，53）。

"艺术型"是"（4，9，10，17，33，34，49，50，54），"否"（32）。

请将得分最高的三种类型从高到低排列，得出一个（或两个）三维组合答案，再对照《人格类型与职业环境的匹配》和《测试结果与职业匹配对照表》得出人格类型所匹配的职业。

人格类型与职业环境的适配		
型态	人格倾向	典型职业
现实型 R	具有顺从、坦率、谦虚、自然、坚毅、实际、有礼、害羞、稳健、节俭的特征，表现为： ①喜爱实用性的职业或情境，从事所喜好的活动，避免社会性的职业或情境 ②用具体实际的能力解决工作及其他方面的问题，较缺乏人际关系方面的能力 ③重视具体的事物，如金钱、权力、地位等	工人、农民、土木工程师。
......		
测试结果与职业匹配对照表		
RIA：牙科技术员、陶工、建筑设计员、模型工、细木工、制作链条人员。		
RIS：厨师、林务员、跳水员、潜水员、染色员、电器修理、眼镜制作。		

续表

RIE：建筑和桥梁工程、环境工程、航空工程、公路工程、电力工程、信号工程、电话工程。	
……	
SIE：营养学家、饮食学家、海关检查员、安全检查员、税务稽查员、校长。	
SIR：理疗员、救护队工作人员、手足病医生、职业病治疗助手。	

（4）小组分享与讨论

同学们，大家的测试结果已经出来了，再次提醒大家，这个测试没有好或者不好的结果，它只是帮助你更好地了解职业自我。为了帮助大家更好地利用测评结果了解职业自我，现在请各小组围绕以下内容展开讨论，互相分享，互帮互助。

①你的测试结果是什么？你觉得这个测试结果符合你的职业兴趣爱好和价值观吗？如果不完全符合，你怎么看待的？

②这个职业匹配结果与你对自己的职业认知一致吗？你认为匹配的职业或行业符合你的长期职业目标吗？

③你认为在求职过程中，如何利用自己的职业兴趣和倾向来提高自己的竞争力？

小组分享（略）

教师总结：

我们刚刚完成了霍兰德职业测评，我相信这个测评让大家对自己的职业兴趣和倾向有了更深入的了解。在小组讨论环节，大家的观点和建议都非常有价值，可以看出大家都在认真思考，同时我听到了许多有价值的观点和建议。刚刚在小组讨论和分享的环节中，部分同学说自己好几项的测试结果都比较高，感觉什么都适合，都有兴趣尝试一下。这表明大家的兴趣爱好相当广泛。这是一个很好的起点，意味着有更多的可能性等待大家去探索。然而，广泛的兴趣也意味着需要更谨慎地权衡和选择，考虑到个人技能、市场需求等实际因素，避免盲目尝试。对于那些觉得测试结果不够理想，认为自己优势不明显的同学，我想说，每个人都有自己的闪光点，只是有时候我们还没发现。在选择职业时，我们要充分了解自己的优势，勇于尝试，并在实践中不断调整和优化职业生涯规划。记住，职业选择是一个长期的过程，需要不断地学习和探索。希望大家能够积极面对挑战，保持开放的心态，勇敢地追求自己的梦想。

（5）作业布置

要知道找到自己真正热爱的职业是非常重要的。如果你对一份职业有浓厚的兴趣，就会有自驱力，即使薪水不高，你也会愿意去做。相反，如果你对这份职业没有兴趣，再高的薪水也无法激励你去从事它。因此，我希望大家能够认真思考自己的职业兴趣和倾向，并以此为依据，去探索和尝试各种不同的职业机会。在这个过程中，你们可能会发现自己对某些职业的误解，或者发现自己真正适合的职业。我们来实操一下吧：

作业要求：

① 结合你在霍兰德职业兴趣量表中的得分和你对不同职业领域的了解，选择一个你最感兴趣、最符合你价值观和兴趣爱好的职业方向。

② 对于你选择的职业方向，进行自我评估，思考你目前所具备的知识、技能和能力，并进行总结。

③ 在选择职业方向时，请尽量遵从你的内心，选择你真正热爱并认为有意义的方向。

④ 最终形成一份职业探索报告，要求包含以上内容，并就自己的优势、劣势进行总结。

6. 课程反思（略）

（二）第二次课：职业自我认知与职位定位（简例）

1. 课程目标

知识目标：

（1）了解SWOT分析法的原理和实施步骤；

（2）掌握自我认知和职业定位的基本概念和方法；

（3）理解个人特点与职业要求之间存在切合点。

能力目标：

（1）能够应用SWOT分析法评估自身的优势、劣势、机会和威胁；

（2）能够有效进行职业定位，明确职业发展的目标和方向；

（3）能够结合个人特点和职业要求，设置合理的职业目标和阶段性目标。

情感目标：

（1）增强对未来职业发展的信心；

（2）培养积极的职业心态，提高应对职业挑战的勇气和决心；

（3）树立正确的职业价值观，追求个人成长和社会价值的统一。

2．教学重难点：

教学重点：

理解和应用SWOT分析法；掌握职业定位的方法；将个人特点与职业要求相结合，达到职业发展和个人成长的双赢；设置职业目标和阶段性目标，以及如何根据这些目标制订行动计划。

教学难点：

让学生明晰自己的职业兴趣、职业价值观、职业技能和职业目标；明确自己的职业方向和目标。

3．课前准备：多媒体课件、笔、白纸、职业场景碎片、SWOT职业自我分析表等。

4．课程时间及对象：90分钟，大三下学期学生。

5．教学过程

致欢迎词，并对上次课程进行简要回顾，引出本次课程。

开场示例：大家好，上一次我们通过霍兰德职业兴趣测试深入了解了自己的职业兴趣和倾向。今天，我们将继续深入探讨职业自我认知与职位定位这个话题。我们将学习如何将自我认知与职业发展相结合，明确定位，为未来职业生涯做好准备。希望大家能够积极参与，共同进步！

（1）热身活动（略）

（2）职业自我再认知

根据上一次霍兰德职业测评结果进行职业自我认知确认，根据收集的学生职业结果，提前准备好每一种职业的场景图片，并提前裁剪为碎片，每个小组的碎片放在一起。组员们需要从职业碎片中进行分拣，挑选出自己的职业碎片，并拼成一张完整的职业图片，粘贴在自己的职业确认小纸板上。

在拼图的过程中，大家需要思考以下问题，你的职业碎片被混合在别的碎片中，你有什么感受？先前你选择这个职业，它吸引你的原因是什么？现在在其他职业中，是否有吸引你的？是什么吸引了你？你是否还坚持你的职业选择？你希望从你确定的职业选择中获得什么（例如成就感、认同感、满足感等）？

各小组成员进行讨论，选派一位代表上台分享他们的讨论结果。

学生分享。（略）

教师小结。（略）

（3）职业自我分析与定位——SWOT分析法的运用

①知识讲解：介绍SWOT分析法及其在职业发展中的重要性。说明如何运用SWOT分析法进行职业自我认知。

SWOT职业自我分析表

内部能力 外部因素	优势	劣势
机会	so	wo
风险	st	wt

②实战练习：根据大家确定的职业方向，对自己进行职业自我SWOT分析。

③小组讨论交流

（4）SWOT职业自我案例分析

林同学，2020年考入师范二本学校，将在2024年毕业，教育管理专业，目前英语还没有通过四级考试，性格外向，有主见，富有创造能力，积极进取；喜欢有挑战性的事情，希望能够从事工资待遇比较高的工作。老家在沿海城市。根据霍兰德测试和本人的爱好，希望从事外贸相关领域的职业。

SWOT职业自我分析表

内部能力 外部因素	优势	劣势
	1．在教育管理专业有较为扎实的知识基础，可以为未来从事管理相关职业提供一定的专业知识储备 2．性格外向，有主见，在与人沟通交流方面具备较好的天赋，有助于在未来的工作中与客户进行有效的沟通 3．富有创造能力，这为未来的职业生涯提供了更多的创新和发展机会 4．积极进取，有较强的事业心和责任心，有助于在未来的工作中不断提升自己的能力和水平	1．英语水平没有达到四级，这可能会对求职和职业发展造成一定的困难，因为外贸等领域需要较好的英语沟通能力 2．是在校生，缺乏相关领域的实际工作经验，这可能会对求职造成一定的影响 3．目前对外贸领域的了解程度有限，需要进行更多的学习和积累
机会	SO	WO
1．外贸行业发展迅速，为外贸相关职业提供了更多的就业机会 2．互联网技术的不断发展为外贸等相关领域提供了更多的创新和发展机会	1．积极进取、有主见、富有创造能力等优势，因此积极参加招聘会、主动联系潜在雇主、寻找实习机会等，以展示才华和能力 2．善于人际交流，积极参与职业交流会等活动，与同行业的专业人士交流，深入了解外贸领域的专业知识、行业动态和发展趋势，寻找适合自己的岗位和发展机会	1．通过参加英语培训班、阅读英文书籍、观看英语电影等方式来提升英语水平，增强竞争力 2．通过参加实习、参加学生组织活动、阅读相关书籍等方式，深入地学习和了解外贸领域的知识
风险	ST	WT
1．外贸等相关领域的职业竞争较为激烈，需要具备较高的专业素质和综合能力才能够脱颖而出 2．全球经济形势的变化会对外贸行业产生较大的影响，因此该领域的职业发展也存在着一定的不确定性	1．积极宣传自己的优势和特点、通过参与社交活动等方式来提升个人形象和品牌知名度 2．积极拓展人脉圈、通过参加职业交流会等方式来建立更多的人脉资源，获得更多的信息和帮助 3．在深入了解外贸领域的基础上，不断提高自己的素质和能力，以适应行业发展的变化和市场需求的变化	1．通过参加实习、参加学生组织活动等方式来增强实践经验，以避免激烈竞争带来的威胁 2．深入学习和了解外贸领域的行业动态和发展趋势，以便更好地适应行业变化和市场需求

根据案例分析，小组研讨并填写自己的SWOT职业自我分析表。

学生分享。（略）

教师小结。（略）

（5）反馈与总结环节（略）

（6）课后作业（略）

根据已经学习的知识和内容制订自己的职业规划草案，草案可以从这些方面着手：

①职业自我认知：

兴趣：我喜欢什么类型的工作？我对于哪些领域感兴趣？

优势：我擅长什么？我的技能和经验有哪些？

②职业调查：

行业：我所感兴趣的领域有哪些发展机会？该领域的未来趋势是什么？

薪资：我所感兴趣的职业的薪资水平如何？该领域的薪资增长趋势是什么？

③职业目标：

长期目标：我的长期职业目标是什么？

短期目标：我未来一年的职业目标是什么？

④职业规划：

为了实现我的职业目标，我需要采取哪些行动？我怎样安排我的时间？

6. 课程反思（略）

（三）第三次课：模拟职场之——职场初体验（简例）

1. 课程目标

知识目标：

（1）了解当前的秘书专业就业的行情，包括行业趋势、市场需求和竞争态势。

（2）掌握如何收集、分析和解读文秘专业市场就业信息。

（3）知道简历在求职过程中的重要性，重点掌握如何通过简历有效地展示自己的优势。

能力目标：

（1）能够独立收集、整理和分析市场信息，为求职做准备。

（2）具备撰写一份针对性强、内容丰富、格式规范的个人简历的能力。

（3）学会在求职过程中与老板进行有效沟通，提高求职的成功率。

情感目标：

（1）增强对职业发展的认识，帮助学生树立正确的职业价值观，形成正确的职业态度。

（2）培养职业道德和职业素养，增强对工作的责任感和使命感。

（3）增强学生对市场动态的敏感度和关注度，培养其主动适应市场的意识。

2. 教学重难点

（1）结合网络信息和行业报告，分析秘书学专业相关的行业发展趋势和未来几年的市场变化，以及热门岗位的要求和标准。

（2）分析对手的情况，帮助学生了解自身的优劣势和市场定位。

（3）撰写一份优秀的简历，以及针对不同的岗位需求，突出自己的相关经历和技能。

3. 课前准备：笔记本电脑、优秀简历、市场调研数据。

4. 课程时间及对象：90分钟，大四下学期某班级学生（主要就业方向：文秘）。

5. 教学过程

致欢迎词，并对上次课程进行简要回顾，引出本次课程。

开场示例：亲爱的同学们，作为即将步入社会的大四学生，了解市场行情和掌握简历制作技巧对于你们的职业发展至关重要。通过上一次的学习，大家对自己的职业自我有了一定的自我认知，一定迫不及待想要感受一下职场。那今天就跟老师一起与职场"初相遇"。本次课程将围绕两个核心话题展开，那就是"外面什么样"和"我自己什么样"。首先，跟着老师深入了解当前的市场趋势和行业动态，通过这一过程帮助大家把握市场需求和竞争态势。在这部分我们要学习如何收集、分析和解读市场信息，并结合以前我们学过的求职相关知识，找到与自身优势相匹配的岗位。随后，我们将重点探讨简历制作技巧。优秀的简历是老板对你们的第一印象，也是求职成功的关键。在本次课程中，我们将系统地讲解简历的基本构成要素、排版要求以及如何突出个人优势和匹配市场需求。通过实战演练和点评，提升自己的简历制作水平，提高求职竞争力。

（1）行业再认知

这一部分以现阶段大学生求职现状特征、文秘专业大学生市场需求情况，以及行业趋势为主要授课内容，教师需要准备以下内容进行授课：

① 大学生求职现状特征

就业形势分析：教育部数据显示，2023届全国普通高校毕业生规模达到1158万人，比上一年增加82万人。然而，对于文秘专业的大学生来说，就业率相对较高。根据第三方研究机构的报告，约有80%的文秘专业大学生能够在毕业后的一年内找到工作，平均起薪为3000—5000元人民币。

竞争情况：根据智联招聘的数据显示，2023年招聘秘书的职位需求量与2022年同期相比增长了15%，而投递简历的数量增长了20%。这表明竞争相对激烈，但也有更多的职位可供选择。

求职心态：根据某大学毕业生就业情况调查报告，约60%的文秘专业大学生表示他们在求职过程中感到焦虑和压力。由此可见，就业焦虑是广泛存在的，大家要正确看待。

② 文秘专业大学生市场需求情况

市场需求分析：根据各大招聘网站的数据统计，企业对文秘专业人才的需求量较大，约70%的招聘广告中明确要求文秘专业的学历和相关技能。

企业招聘要求：根据智联招聘的数据，企业在招聘秘书时，除了学历背景外，更加注重实际经验和技能。约有80%的企业要求秘书具备一年以上的相关工作经验。此外，沟通能力、组织协调能力等非技术性能力越来越受到企业的重视。

③ 行业发展趋势

随着企业对于秘书岗位需求的增加，秘书行业的发展趋势逐渐向专业化、高素质化转变。除此之外，随着互联网和智能技术的普及，传统的秘书工作方式逐渐被自动化软件所取代，秘书行业正面临智能化的挑战。但与此同时，对于能够熟练运用这些技术以及具备人事处理能力的秘书人才的需求在不断增加。因此结合行业趋势和市场需求，大四学生需要根据行业趋势和变化，积极锻炼自己相应的能力，更新自己的知识和技能，以适应不断变化的就业市场。

小组讨论，面对这样的求职环境，你会选择去什么样的公司应聘，你对公司的定位、地理位置、薪资期待、福利待遇等有哪些要求。

（2）我与BOSS的第一次见面

① 老师提问：什么是求职简历？为什么要写求职简历？求职简历是求职者向招聘者展示个人能力、经历和背景的重要工具。通过撰写优秀的求职简历，可以吸引招聘者的注意，提高求职成功率。教师向同学们展示一份糟糕的简历导致错失良机的实例。

② 知识讲解：求职简历的基本结构和内容、撰写求职简历的技巧和方法。

③ 实际操作：分组撰写求职简历。每一组选一名组长，由组长带领，以小组长为例，在大白纸上撰写简历，最后小组进行展示。

（3）BOSS会选谁

在这一阶段，由各小组进行投票，选择你最满意的简历并陈述理由（不能选择自己组），得票最多的小组获胜。

6. 课程反思（略）

（四）第四次课：模拟职场之——职场再体验（简例）

1. 课程目标

认知目标：了解秘书职业的特点和要求；熟悉秘书岗位的面试流程以及面试中的注意事项；掌握文秘岗位面试中的常见问题及回答思路。

能力目标：在面试中展示自己在文秘专业方面的能力；能够运用面试技巧，展现自己的沟通、协调和组织的能力。

情感目标：培养大学生的求职自信心，以及良好的职业道德和职业素养；增强对秘书职业的认同感和归属感。

2. 教学重难点

教学重点：

① 展现秘书职业的特点和职场对这一专业应聘者的要求，以及在面试

中如何展示与之匹配的能力和经验。

②让学生掌握面试中的常见问题及回答技巧，特别是针对秘书岗位的特殊问题。

教学难点：

①如何克服紧张情绪，保持良好的心态应对面试。

②如何结合实际情况，灵活、恰当地回答面试问题，展现自己的优势。

3．课前准备：布置面试场地，准备面试问题，准备打分表。

4．课程时间及对象：90分钟，大四下学期文科专业某班级学生（主要就业方向：企业文职）。

5．教学过程

开场示例：

通过前一段时间的学习，相信大家已经对文秘专业的就业情况有了更深入的了解，对自身的职业定位也有了更清晰的认识。接下来，我们将一同进入职场的大门，模拟职场中的面试。面试，是每位即将步入职场的同学必须经历的一道关卡，是你与心仪企业建立初步联系并且相互了解的桥梁。在今天的课程中，我们将深入探讨如何为真实的职场面试做好充分准备。希望在这堂课中，每一位同学都能获得实用的面试指南，为自己的求职之路铺设坚实的基石。

（1）热身活动（略）

（2）面试前的准备（行业了解及趋势，上次课程已经学习了方式方法，本次课程主要由学生进行汇报。）

（3）面试实操

文秘专业面试官打分表

一、基础能力和外观形象（20分）

外观整洁、着装得体：5分

表达清晰、语言流畅：10分

态度积极、精神饱满：5分

二、专业技能和工作经验（30分）

文秘专业知识扎实：10分

相关文秘工作经验丰富：10分

对公司业务和行业有一定了解：10分

三、工作态度和职业素养（25分）

工作认真负责、细致入微：10分

团队合作意识强：7.5分

具备良好的职业道德：7.5分

四、逻辑思考和问题解决能力（15分）

分析问题时逻辑清晰：7.5分

解决问题的能力突出：7.5分

五、创新思维和学习能力（10分）

思维敏捷、创新能力强：5分

学习意愿和学习能力强：5分

六、其他加分项（10分）

对公司文化和价值观的认同：5分

其他突出表现：5分

面试问题

基础能力类

你是否具备基础的财务知识？能否解释财务报表中一些关键指标？

请描述你与团队合作解决问题的一次经历。

专业技能与工具

你对哪些办公软件操作得最为熟练？

如果领导年终发言稿没带，你会如何处理？

你如何确保邮件、文件和其他重要信息的安全性？

工作态度与价值观

在面对工作压力时，你通常如何调节自己的情绪？

你如何理解"客户至上"的理念？请举一个你为客户提供优质服务的例子。

你如何处理与同事之间的冲突或矛盾？请给出一个实例。

你如何平衡工作和个人生活？能否分享一下你的时间管理技巧？

创新思维与发展潜力

目前为止你最骄傲的事情是什么？为什么这么认为？

你认为未来秘书岗位的发展趋势是什么？你为此做了哪些准备或学习了什么？

你认为在秘书岗位上最重要的品质是什么？为什么这么认为？

你对自己未来的职业规划是什么？有哪些具体的计划或目标？

6. 课程反思（略）

参考文献

［1］杨艳杰．试论大学新生网络成瘾与学校适应困难的关系［J］．中国多媒体与网络教学学报（上旬刊），2023．

［2］高雪莲．农民工子弟适应行为与群体亚文化——北京市W农民工子弟学校学生亚文化的一个解释框架［J］．深圳社会科学，2023．

［3］吴家炜．学校适应视角下高职院校退役大学生校园融入路径探析［J］．现代职业教育，2023．

［4］莫林桂，曾玲娟，莫晓琼，刘韵曦．父母教养方式和学校适应的交互作用对初中生被欺凌状况的影响［J］．兵团教育学院学报，2023．

［5］彭君芳．新时期高校贫困女生学校适应的社会工作介入研究［J］．中华女子学院学报，2022．

［6］张颖，张宇航，赵青，史坤，张华．大学生心理韧性对职业成熟度的影响：成就动机的中介作用［J］．心理月刊，2022．

［7］高斌，扶长青，陈端颖．某医学院校学生学校适应现状及其影响因素［J］．济宁医学院学报，2022．

［8］赵浩，宋天娇，李中良．女大学生生命意义感与智能手机成瘾：学校适应的中介作用和年级的调节作用［J］．山东女子学院学报，2022．

［9］张佳媛，秦仕达，周郁秋．青少年心理健康素养研究进展［J］．中国健康心理学杂志，2022．

［10］刘明娟．积极心理学对大学生心理健康教育的启示［J］．教育理论与实践，2022．

［11］浦昆华，尹可丽．中华民族认同对少数民族青少年学校适应的

影响：亲社会倾向的中介作用［J］. 民族论坛，2022.

［12］刘芹瑕，李果，黄敏兰，杨睿，蔡雪丽. 新冠肺炎疫情背景下社会支持对心理健康的影响：情绪调节策略的中介作用［J］. 西南交通大学学报（社会科学版），2022.

［13］安序菊，杨楹，邓永国，李丛冉，王倩，张巍献，刘金同. 高中生生活事件与学校适应的关系：自尊的中介作用［J］. 神经疾病与精神卫生，2022.

［14］陈怡，白肖杰，廖彬. 生涯咨询对学生职业态度影响的研究［J］. 北京城市学院学报，2022.

［15］崔丽娟，肖雨蒙. 依托乡村振兴战略改善社会支持系统：留守儿童社会适应促进对策［J］. 苏州大学学报（教育科学版），2022.

［16］俞国良. 心理健康的新诠释：幸福感视角［J］. 北京师范大学学报（社会科学版），2022.

［17］李忠艳，雒文虎，胡菊华. 大学生心理健康教育课程建设的困境及突破［J］. 黑龙江高教研究，2021.

［18］李永慧. 大学生应对方式与心理健康水平的关系：希望感的中介作用［J］. 中国临床心理学杂志，2021.

［19］赖可欣，李运华，范远波，范朝晖. 大学生的职业成熟度现状研究——以广东省某地方高校为例［J］. 教育观察，2021.

［20］张金健，陈红. 大学新生学校适应困难与网络成瘾的交叉滞后分析［J］. 中国临床心理学杂志，2021.

［21］王亚可. 心理弹性在高中生学业压力与学校适应间的中介作用［J］. 校园心理，2021.

［22］赵艳芳，陈晶，余晓敏. 个体心理和学校环境对学业成就的影响［J］. 合作经济与科技，2020.

［23］颜军，陶宝乐，石露，娄虎，李焕玉，刘敏. 青少年课外体育锻炼与学校适应的关系：链式中介模型及性别差异［J］. 中国体育科技，

2020.

　　［24］赵浩，宋天娇，张灵聪．女大学生生命意义感学校适应对手机成瘾的影响［J］．中国学校卫生，2020.

　　［25］叶宝娟，孙原，高良，夏扉，杨强．主动型人格与大学生职业成熟度的关系：一个有调节的中介模型［J］．心理发展与教育，2020.

　　［26］杨磊，戴优升．家庭社会资本、学校环境会影响青少年心理健康吗？——基于CEPS数据的实证分析［J］．中国青年研究，2019.

　　［27］王平．大学生心理韧性发展过程及干预研究［M］．苏州：苏州大学出版社，2017.

　　［28］江光荣，应梦婷，林秀彬，韦辉，张汉强．《中国中小学生学校适应成套量表》的编制［J］．中国临床心理学杂志，2017.

　　［29］张光珍，王娟娟，梁宗保，邓慧华．初中生心理弹性与学校适应的关系［J］．心理发展与教育，2017.

　　［30］刘艳，蒋索．学校环境中的积极行为支持——一种可借鉴的心理健康教育模式［J］．北京师范大学学报（社会科学版），2016.

　　［31］黄飞燕，陈昕，李妙霞．大学生性心理影响因素分析［J］．市场周刊（理论研究），2016.

　　［32］范皑皑，杨钋．大学生的职业准备策略——基于北京高校学生发展调查数据的实证分析［J］．中国高教研究，2015.

　　［33］杨钋，范皑皑，徐薇．职业成熟度、职业准备与职业选择：大学三年级学生发展的主题词［J］．教育与经济，2015.

　　［34］刘慧．大学生团体心理咨询实务［M］．北京：中国人民大学出版社，2015.

　　［35］陈娜，朱红．大学生学业参与模式对其职业成熟度的影响——基于自我主导理论的视角［J］．教育发展研究，2014.

　　［36］鲍振宙，李董平，张卫，王艳辉，孙文强，赵力燕．累积生态风险与青少年的学业和社交能力：子女责任感的风险补偿与调节效应

［J］．心理发展与教育，2014．

［37］张光珍，梁宗保，邓慧华，陆祖宏．学校氛围与青少年学校适应：一项追踪研究［J］．心理发展与教育，2014．

［38］杨丽珠，胡金生，刘文，孙岩．儿童青少年人格发展与教育［M］．北京：中国人民大学出版社，2014．

［39］韦耀阳，蔡太生，向光富，谭雪晴．大学生成就动机、择业效能感与职业成熟度的关系［J］．中国临床心理学杂志，2013．

［40］侯静．学校适应的界定和测量的综述［J］．首都师范大学学报（社会科学版），2012．

［41］李中权，王力，张厚粲，柳恒超．人格特质与主观幸福感：情绪调节的中介作用［J］．心理科学，2010．

［42］曾晓强．大学生父母依恋及其对学校适应的影响［D］．西南大学，2009．

［43］夏凌翔，黄希庭．青少年学生自立人格量表的建构［J］．心理学报，2008．

［44］雷万胜，陈栩，陈锦添．大学生心理韧性研究［J］．中国健康心理学杂志，2008．

［45］董增云．大学生人格特征、社会支持与学校适应的关系研究［D］．陕西师范大学，2007．

［46］张建新，周明洁．中国人人格结构探索——人格特质六因素假说［J］．心理科学进展，2006．

［47］李辉，朱丽芬，李梅．大学生学校适应性研究综述［J］．云南师范大学学报（哲学社会科学版），2006．

［48］周文霞，郭桂萍．自我效能感：概念、理论和应用［J］．中国人民大学学报，2006．

［49］任俊，叶浩生．积极人格：人格心理学研究的新取向［J］．华中师范大学学报（人文社会科学版），2005．

［50］丁道群，沈模卫. 人格特质、网络社会支持与网络人际信任的关系［J］. 心理科学，2005.

［51］赵燕鹰，张东生，白波，吉如河. 大学新生学校适应与家庭环境关系研究［J］. 中国学校卫生，2005.

［52］余鹏，宿淑华，李丽. 大学生归因方式、自我效能感与主观幸福感的关系研究［J］. 中国临床心理学杂志，2005.

［53］周帆，王登峰. 人格特质与外显自尊和内隐自尊的关系［J］. 心理学报，2005.

［54］边玉芳. 学习自我效能感量表的编制［J］. 心理科学，2004.

［55］程虹娟，张春和，龚永辉. 大学生社会支持的研究综述［J］. 成都理工大学学报（社会科学版），2004.

［56］黄希庭. 论时间洞察力［J］. 心理科学，2004.

［57］屈智勇，邹泓，王英春. 不同班级环境类型对学生学校适应的影响［J］. 心理科学，2004.

［58］刘志军. 高中生的自我概念与其学校适应［J］. 心理科学，2004.

［59］陈君. 大学新生学校适应、社会支持及其关系的调查研究［D］. 华中师范大学，2003.

［60］李文道，邹泓，赵霞. 初中生的社会支持与学校适应的关系［J］. 心理发展与教育，2003.

［61］陈红，黄希庭，郭成. 中学生人格特征与应对方式的相关研究［J］. 心理科学，2002.

［62］陈成文，潘泽泉. 论社会支持的社会学意义［J］. 湖南师范大学社会科学学报，2000.

［63］闻吾森，王义强，赵国秋，孙建胜. 社会支持、心理控制感和心理健康的关系研究［J］. 中国心理卫生杂志，2000.

［64］高申春. 自我效能理论评述［J］. 心理发展与教育，2000.

［65］张鼎昆，方俐洛，凌文轮．自我效能感的理论及研究现状［J］．心理学动态，1999．

［66］邹泓．同伴接纳、友谊与学校适应的研究［J］．心理发展与教育，1997．

［67］肖水源．《社会支持评定量表》的理论基础与研究应用［J］．临床精神医学杂志，1994．

［68］王登峰．人格特质研究的大五因素分类［J］．心理学动态，1994．

［69］肖水源，杨德森．社会支持对身心健康的影响［J］．中国心理卫生杂志，1987．

后　记

在接触到许多大学生适应不良的案例后，我开始对大学生适应问题产生了关注。在这些案例中，有些学生经历了严重的心理困扰，有些则表现为学习困难，而这些问题都直接影响到他们的学业和生活的质量。在调查过程中，我通过仔细观察和与教师、学生进行访谈发现，大学生适应不良这一问题不仅普遍存在，而且原因复杂多变，既包括个体因素、家庭因素，又包括学校教育环境以及社会环境等，这些因素相互作用、相互影响，共同构成了大学生适应不良的复杂原因。基于上述原因，我深感大学生学校适应教育体系构建的重要性。本书以大学生学校适应的生态机制理论为基础，深入探讨了大学生学校适应现状、影响因素及其作用机制等内容。通过系统的研究和实证分析，笔者发现，大学生学校适应不仅是一个个体适应问题，更是一个涉及多方面因素的复杂社会问题。因此，构建以生态机制为基础的大学生学校适应教育体系，对于提升我国大学生学校适应教育、学生学校适应水平，以及我国高校教育水平、大学生培养质量都具有重要意义。

基于此，本书将理论与实际相结合，通过与现有研究进行对比，分析大学生学校适应面临的挑战，并对此进行深刻的原因分析，在此基础上，利用理论为引导，对实际校园中的支持性体系进行深入挖掘与探讨，提出了大学生学校适应教育的体系构建与对策，从课程、环境、政策、实践、心理等方面全方位协同育人。最后，本书将大学生学校适应教育实例呈现给读者，以初入大学的生活适应、中期的学业生涯适应、大四职业生涯适应为主要适应内容，构建了不同时期大学生学校适应课程教育实例，以作参考交流。

在此，我要向贵州省人文社会科学项目组、安顺学院、安顺学院乡村振兴中心等单位对本书的大力支持表示感谢。同时，我要向学校各位领导表示感谢，你们的支持和引导在本课题中起到了重要作用，对于本书的问世也有着极其重要的作用。我也要感谢我的同事和本课题组所有成员，在本书的撰写过程中，我得到了你们的关心和支持，这些支持和帮助使我更加深入地了解了大学生学校适应教育的现状和问题，为我提供了思路，你们的参与和支持使我在研究过程中受益匪浅。此外，要特别感谢崔亚飞老师在写作过程中给予我的大力支持和专业指导。他帮助我厘清写作思路，梳理写作框架，并协助我进行了逻辑梳理，使我的书稿更加清晰、有条理。感谢崔亚飞老师耐心、细心的指导，他的宝贵建议让我受益终身。我要再次感谢所有支持本书出版的人士和机构。我深知，没有你们的支持和帮助，本书是无法顺利出版的。因此，我再次向你们表示衷心的感谢。

　　最后，我要感谢所有关注和支持本书的读者、读者家长、教育工作者和社会各界支持者。希望通过本书的出版，能够为提升我国大学生学校适应教育、学生学校适应水平，以及我国高校教育水平、大学生培养质量贡献一份力量。

　　未来，本课题组将继续关注大学生学校适应这一重要课题，深入研究其影响因素和作用机制，为进一步完善大学生学校适应教育体系提供理论和实践支持。同时，我也希望本书的读者能够积极评价本书内容，并支持课题组今后的工作。